KB193460

Virtue Hoarders

전문·관리 계급에 대한 비판

전문·관리 계급에 대한 비판
자본주의에 복무하는 진보주의자를 고발한다

초판 1쇄 인쇄일 2025년 3월 5일 **초판 1쇄 발행일** 2025년 3월 10일

지은이 캐서린 류 | **옮긴이** 이대희
펴낸이 박재환 | **편집** 유은재 신기원 | **마케팅** 박용민 | **관리** 조영란
펴낸곳 에코리브르 | **주소** 서울시 마포구 동교로15길 34 3층(04003) | **전화** 702-2530 | **팩스** 702-2532
이메일 ecolivres@hanmail.net | **블로그** http://blog.naver.com/ecolivres | **인스타그램** @ecolivres_official
출판등록 2001년 5월 7일 제201-10-2147호
종이 세종페이퍼 | **인쇄·제본** 상지사 P&B

ISBN **978-89-6263-302-3 03300**

책값은 뒤표지에 있습니다.   잘못된 책은 구입한 곳에서 바꿔드립니다.

전문·관리 계급에 대한 비판

자본주의에 복무하는 진보주의자를 고발한다

캐서린 류 지음 | 이대희 옮김

에코리브르

차례

서론

우리 대부분이 기억할 수 있는 한 오랫동안 전문·관리 계급(professional managerial class, PMC)은 계급 전쟁을 치러왔는데, 그 전쟁은 자본가나 자본주의가 아니라 노동자 계급에 대항한 것이었다. PMC 구성원은 자신들이 보다 진보적이었을 때, 특히 '진보 시대(Progressive Era: 20세기 초 사회 운동과 개혁의 열풍이 미국 전역을 휩쓸었던 시기—옮긴이)'의 기억을 가지고 있다. 그들은 한때 릴런드 스탠퍼드(Leland Stanford), 앤드루 카네기(Andrew Carnegie), 존 록펠러(John D. Rockefeller), 앤드루 멜런(Andrew Mellon) 같은 강도 남작(robber baron: 19세기 미국에서 비윤리적이고 잔혹한 방식으로, 특히 독과점을 통해 막대한 부를 축적한 자본가들을 비하해서 부르는 이름—옮긴이)들과 자본가에 대항한 장엄한 싸움에서 노동자 계급의 투쟁성을 지지했다. 그러나 오늘날 그들은 스탠포드 대학교에 가고, 그런 이름을 지닌 민간 재단을 중요한 기금과 인정의 원천 그리고 자선의 모델로 간주한다. PMC는 자신들이 역사의 영웅이라고 여전히 믿으면서 자신들을 악마화하는 사람들에게 대항하며 무고한 희생자를 옹호하기 위해 싸운다. 그러나 노동자 계급은 그들이 구할 가치가 있다고 생각하는 집단이 아니다. PMC의 기준에 따르면, 노동자 계급은 올바르게 행동하지 않기 때문이다. 즉, 그들은 정치적으로 이탈해 있거나 시민 정신을 갖기에는 너무 분노에 휩싸여 있다는 것이다. 자격을 갖춘 계급의 자유주의적 구성원은 '사람들'에 대해 말할 때, '권한을 주다(empower)'라는 단어를 즐겨 사용한다. 그러나 이 단어를 사용해 자신들의 도움을 받는 사람을 대상화하면서, 자신들 없이는 그들이 권한에 접근하지 못한다는 것을 은연중에 내비친다. PMC는 오늘날 지배 계급의 대리인으로 나서며 세속화한 모든 형태의 가치를 사재기하면서도 부끄러움이 없다. 자본주의 자체가 만들어낸 정치적·경제적 위기를 다룰 때마다 그들은 정책 변화와 재분배를 위한 정치적 투쟁을 개인의 열정 활동으로 재구성하면서, 개인의 '사회

환원' 행위와 물화(物化)된 자기 변환 형태에 노력을 집중한 다. 그들은 평범한 노동자 계급보다 뛰어나다는 확고한 우월감의 정당성을 특별한 취향과 문화적 성향에서 찾는다. 그들의 정치가 미덕을 과시하는 것에 불과하다면, 그것은 한층 더 무의미한 형태의 유사 정치와 극심한 경계 태세를 선동하기 위해 구성원을 자극하는 도덕적 공포를 사랑하는 것에 다름 아니다. 엄청나게 헐뜯긴 힐러리 클린턴(Hillary Clinton)이 2016년에 도널드 트럼프(Donald Trump) 지지자를 "개탄스러운 사람들"이라며 무시했을 때, 평범한 사람들을 경멸했다는 점에서 힐러리는 정직했다. 2016년에 PMC와 자유주의 집단에 대한 평범한 사람들의 무시는 반동적인 권위주의로 굳어졌을 뿐이고, 또 다른 반동적인 선동가가 이를 이용하려 할 것이다. 화이트칼라 관리자들이 블루칼라 노동력을 감축하고서는 그들의 형편없는 문학적 취향, 나쁜 식생활, 불안정한 가족, 개탄스러운 육아 습관을 폄훼할 때 PMC가 미덕을 사재기하는 것은 상처를 덧나게 하는 모욕이다.

PMC가 노동자들의 곤경에 공감했을 때, 이는 또한 미국의사협회·대학교수협회 그리고 현재 학계를 지배하고 있는 모든 전문 조직에 기반을 둔 전문적인 연구의 기준을 개척하는 것이기도 했다. PMC는 전문가 조직을 구성하면서 자본가와 시장의 힘에 맞서 전문가의 무결성(integrity)을 보호하려고 노력했다. 제인 애덤스(Jane Addams, 1860~1935: 1931년 노벨 평화상을 수상한 미국의 사회운동가—옮긴이)에서 존 듀이(John Dewey, 1859~1952: 실용주의로 잘 알려진 미국의 학자—옮긴이)에 이르기까지 미국의 초기 PMC 구성원들은 공공 정책이 산업민주주의의 발전에 핵심적이라고 지도하며 학문의 자유와 연구의 역할을 확립했다. 그러면서 최초의 사회사업가, 탐사 기자 그리고 급진적인 사회과학자들은 노동자 권력을 위한 20세기 초의 투쟁에서 유진 뎁스(Eugene Debs, 1855~1926: 미국의 사회주의자이자 노동운동가—옮긴이)가 이끈 미국 노동자들과 사회당의 노선을 따랐다.[1]

PMC의 무용담에 취하던 시절은 오래전에 사라졌다. PMC는 직업적 규율과 청렴 분위기를 토대로 대공황과 제2차

---

1   Steve Fraser, *The Age of Acquiescence: The Life and Death of American Resistance to Organized Wealth and Power* (New York: Basic Books, 2015).

세계대전 중에 그리고 전후(戰後) 시기 동안 대학의 팽창과 커져가는 미국의 복합적인 사회경제적 질서 속에서 자신들을 위해 아주 잘 처신해왔다. 하지만 흐름이 미국 노동자들에게 불리하게 바뀌자, PMC는 한때 경멸했던 자본가들의 비위를 맞추면서 하층 계급에 반대하는 문화 전쟁에 기꺼이 뛰어들었다. 문화 전쟁은 항상 경제 전쟁을 대리한 것이었지만, 1960년대에 미국은 이른바 계몽적인 사람들과 무지몽매한 사람들로 분열되어 있었다. 이때 PMC는 도덕적으로 정당해 보이는 방식을 통해 자신들을 경제적으로 열등한 사람들과 분리할 수 있었다.

PMC가 그들의 충성심을 노동자에게서 자본가에게로 점차 옮겨간 것은 1968년 이후였다. 그때부터 PMC 중에서 가장 성공하고 눈에 띄는 분파는 파렴치하게도 자신들의 명석함을 보스를 위해 사용해왔다. 계급 투쟁이 역사 변화의 동력이고 역사 변화의 정치적 동인은 프롤레타리아트라고 마르크스가 이론화했다면, PMC의 가장 새로운 화신은 노동자 계급의 힘을 잠식하고 그들의 이익을 도외시하면서 역사를 만들려고 한다. 1968년 이후의 PMC 엘리트는 자신들이 지금까지 지구상에 있었던 가장 진보적인 사람들에 포함된다는, 난공불락의 지위를 이데올로기적으로 확신하기에 이르렀다. 사실상 PMC는 자신들의 전위적인 활동을 미덕으로 삼아왔다. 반(反)문화의 유산과 기술적·정신적 혁신에 기대어 PMC 엘리트는 나머지 우리에게 어떻게 살아야 하는지를 말하려 애쓰고, 우리 일상생활의 물리적인 토대와 시금은 인공 두뇌직인 기초를 자신들의 모습대로 파괴하고 건설하는 데 대체로 성공했다.[2] PMC 엘리트의 재산이 불어나면서, 그 계급은 평범한 일을 비범하면서도 근본적으로 우월하고 더 고결한 방식으로 할 수 있는 자신들의 능력을 강조했다. 즉, 하나의 계급으로서 그들은 독서를 하고, 아이들을 키우고, 음식을 먹고, 건강을 챙기고, 성생활을 영위했다. 자신들이 인류 역사상 문화적·

---

2   마이클 폴란(Michael Pollan)은 《잡식동물의 딜레마(The Omnivore's Dilemma: A Natural History of Four Meals)》(New York: Penguin 2006)에서 인민 공원(People's Park: 1960년대 말 버클리 대학교 부지 일부에 정치 활동가들이 만든 대중 공원. 대학 당국의 축구장 건설 계획으로 물리적 충돌이 일어나 사망자가 발행한 사건으로 급진적 정치 활동의 상징이 되었다. 2018년 이 대학의 학생과 노숙자를 위한 주거지 건설 계획 발표로 다시 논란의 대상이 된 바 있다—옮긴이), 식품 협동조합, 유기농 식품 산업에 대해 설명하면서 반문화 열망의 흥미진진한 이야기를 전한다.

정서적으로 가장 진보한 사람이라면서 말이다. 이 '새로운' 계급에 대한 보수주의자들—허먼 칸(Herman Kahn, 1922~1983: 미국의 물리학자이자 미래학자—옮긴이)이든, 윌리엄 버클리(William F. Buckley, 1925~2008: 미국의 보수주의 작가이자 평론가—옮긴이)든, 뉴트 깅그리치(Newt Gingrich, 1943~: 미국 공화당 소속 정치가—옮긴이)든, 데이비드 브룩스(David Brooks, 1961~: 미국의 작가이자 평론가—옮긴이)든, 터커 칼슨(Tucker Carlson, 1969~: 미국의 방송인이자 평론가—옮긴이)이든—의 비판이 순전히 미디어 쇼인 반면, 자유주의가 평범한 사람들을 은밀하게 경멸한다는 보수주의의 비난은 그럴듯하게 들린다. 우파 평론가들은 평범한 사람들의 분노를 경청하면서, 그 느낌을 반동적인 정치적 목적을 위한 무기로 삼았다. 도널드 트럼프만큼 PMC에 대한 대중의 분노를 동원하는 데 유능한 사람은 없었다. 그는 PMC의 자유주의가 대중과 대중 이익의 적이라고 수십 년간 성공적으로 주장해 온 보수주의적 선전을 활용하기 위해 나섰을 뿐이다. 트럼프는 절대로 미덕이 있는 척하지 않았다. 그의 이드(id: '쾌락을 추구하는 본능'이라는 의미의 정신분석학 용어—옮긴이) 주도적인 정치와 통제력 결여는 자유주의적 초자아(liberal superego)에 업신여김을 당했다고 느낀 사람들에게 호소력을 가지는 핵심 요소였다. 포퓰리즘으로 포장된 반동적 정치를 무너뜨리기 위해서는 PMC의 미덕 쌓기의 또 다른 도구가 되어버린 정체성 정치(identity politics)가 아니라, PMC에 맞서는 좌파의 투쟁이 필요하다. 하지만 민주당은 자본주의와 심하게 파괴적인 자본주의의 착취 체제 그리고 지대 추구(rent seeking)에 대항하는 투쟁으로 우리를 이끌 수 있는 정치 조직이 아니다.

PMC, 즉 전문·관리 계급에 대한 나의 짧은 서론은 논쟁적이다. 이 용어에 대한 최근의 '객관적인' 설명은 〈N+1〉에 실린 개브리엘 위넌트(Gabriel Winant)의 '전문 관리직의 간격: 별칭이 된 그리고 미사일처럼 퍼붓는 사회학적 명칭'을 보는 것으로 충분하다.[3] 위넌트의 논문과 달리 여기서 제시하는 연구는—용어와 그 정의를 다듬고 뉘앙스를 강조하고서는—좌파 사람들은 교양이 없어서 예의 바른

---

3   Gabriel Winant, "Professional Managerial Chasm," *n+1*, October 19, 2019, https://nplusonemag.com/online-only/online-only/professional-managerial-chasm/.

토론을 할 수 없으며 적에게 미사일처럼 별칭을 퍼붓는다고 손가락질하는 전문 학자의 중립적인 글이 아니다. 위넌트는 자유주의의 미덕을 믿지만, 나는 그렇지 않다. 위넌트는 PMC의 변명과 좌파 때리기 논문을 민주당 경선 투표가 시작되기 전, 엘리자베스 워런(Elizabeth Warren: 미국 민주당 소속의 매사추세츠주 상원의원—옮긴이)이 2019년 여론 조사에서 선두를 달리고 있을 때 발표했다. 투표가 시작되자 모든 주에서 워런은 2위는 고사하고 심지어 3위나 4위에도 오르지 못했다. 위넌트는 버니 샌더스(Bernie Sanders: 사회민주주의 정치 노선을 지향하는 버몬트주 상원의원—옮긴이) 지지자들에게 무릎 꿇고 워런의 진보적 전문성이라는 브랜드를 인정하라고 촉구했다. 그는 유권자들이 워런의 제한적인 진보주의 브랜드를 일파만파로 거부하는 한편, 예비 선거에서 연달아 승리한 것은 샌더스라는 걸 내다보지 못했다.

이러한 거부의 이유는 다면적이지만, 중도파와 진보파는 급진적인 경제 재조직을 바라는 집단적 열망을 일축하면서 점진적 해결책을 불신하는 대중을 무시하고 싶어 한다. 미국에서는 여러 세대에 걸쳐 이른바 중립적인 전문가라고 주장하는 사람들이 공공재를 도려내 없애고, 공공 영역을 깎아내고, 건강에서 적성에 이르기까지 모든 것의 화폐화를 촉진했다. 그리고 수세대 동안 미국인을 능력주의가 사회 이동성을 증진한다는 환상 속에 빠뜨렸다.[4] 자유주의자들은 금융 자본과 기업 이익이 국고를 먹어치우는 동안 수수방관했다. 하지만 위넌트는 PMC에 역사성을 부여하고, 그들의 가치를 포기하지 말라고 우리에게 주문한다. PMC의 도덕성을 논쟁적으로 설명하면서 그들을 비판하는 가운데, 나는 정치에 대해 생각하는 우리의 방식에 그들이 미치는 힘이 약화되길 바란다. 내 비판의 최종 목표는 사회주의 정치 및 정책으로 돌아가는 것이다. 이러한 정치와 정책은 한때 PMC 지도자들에 의해 주변화되었지만, 버니 샌더스의 역사적인 2016년과 2020년 대통령 선거 운동으로 가시화되었다. 하지만 2020년 민주당 경선의 결과를 알고 있는 지금, 위런과 그 밖의 PMC가 진정한 정치 변화로 나아가는 길을 가로막을 것이라고 나는 더욱 확

---

4   이 주제에 대한 자세한 내용은 다음을 참조. Leo Krapp and Catherine Liu, "Meritocracy Agonistes," *Damage Magazine*, September 1, 2020, https://damagemag.com/2020/08/31/meritocracy-agonistes/.

신한다. 바이든 행정부에서 한 자리를 노림으로써 워런은 자신과 샌더스가 공유했다고 여겨지는 정치 이념과 사회적 가치보다 자기의 직업적 성공에 더 관심이 많다는 게 밝혀졌다.

에런라이크(Ehrenreich) 부부에 따르면, PMC는 "생산 수단을 소유하지 않고 봉급을 받는 정신노동자들"로 구성되어 있고 "노동의 사회적 분업에서 그들의 주요 기능은 대체로 자본주의 문화와 자본주의 계급 관계의 재생산이라고 설명할 수 있다".[5] 지크프리트 크라카우어(Siegfried Kracauer, 1889~1966: 독일의 사회학자—옮긴이)와 라이트 밀스(C. Wright Mills, 1916~1962: 미국의 사회학자—옮긴이)가 화이트칼라 노동자를 육체노동에서 차단된 점원, 판매원, 사무 노동자라고 묘사한 반면, 에런라이크 부부의 PMC는 문화 산업 개발자, 기자, 소프트웨어 기술자, 과학자, 교수, 의사, 은행가, 변호사를 포함하며 대규모 조직에서 중요한 관리

---

5   John Ehrenreich and Barbara Ehrenreich, "The Professional-Managerial Class," in *Between Labor and Monopoly Capital*, ed. Pat Walker, 5-48 (Boston: South End Press, 1979).

자 역할을 한다. 1960년대에 이 계급의 젊은 구성원들은 베트남 전쟁의 집행자 로버트 맥나마라(Robert McNamara: 케네디와 존슨 행정부에서 국방장관을 역임한 정치인-옮긴이)를 진보의 명확한 적으로 여겼다. 그들에게 맥나마라는 냉혹한 살인자였지만, 사실상 그 계급의 고위 구성원일 뿐이었다. 오늘날의 PMC는 작업복을 입지 않을 수도 있지만 기회 평등, 경쟁력, 긴축 그리고 효율성이라는 명분으로 모든 인종과 젠더 그리고 성별에서 가난한 미국 노동자 계급의 삶과 생계가 황폐해지는 걸 지켜봤다. 1970년대부터 PMC 엘리트는 대중 정치를 기꺼이 내팽개치고 노동의 사회적 분업을 재생산하면서 후기 자본주의 체제에서 번영하는 사람들과 그렇지 못한 사람들 사이의 격차를 벌려왔다.

미국의 보수주의자들은 위넌트 같은 자유주의자들보다 계급 대립에 대해 좀더 즐겨 말하곤 했다. 예를 들어, 〈아메리칸 어페어스(American Affairs)〉의 편집자 줄리어스 크레인(Julius Krein)은 '진정한 계급 전쟁'이라는 글에서, 현재 미국의 정치적 상황이 0.01퍼센트와 상위 10퍼센트인 PMC 간의 계급 전쟁으로 형성되었다고 묘사했다. 그에 따르면, 미국의 노동자 계급은 너무 심하게 억눌려와서 그들을 대변할 정치적 기관이 전혀 없다. 또한 모든 경제적 계층에서 불평등을 심화시켜온 정책을 완전히 바꾸기 위해서는 더 낫고 더 계몽적인 PMC가 등장해야 한다. 위넌트보다 더 투쟁적인 크레인은 PMC 엘리트에게 "엘리트 내부의 불평등"에 맞서 싸우기 위해서는 자신들의 이기심에 충실하게 행동해야 한다고 촉구했다. "궁핍해진 노동자 계급을 도와 우리의 '애처로운' 과두 지배를 전복하기 위해서는 PMC의 하위 계층이 소외와 착취에 맞서 싸움을 이끌어야 한다"는 것이다.[6] 〈아메리칸 어페어스〉는 같은 호에 앰버 프로스트(Amber Frost)의 '관리자 계급의 개성 없는 기회주의'라는 대조적인 글도 실었는데, 여기서 저자는 PMC가 믿을 수 없고 변신의 귀재인 "배후 파수꾼들"로 구성되어 있다고 주장했다.[7]

2019년에 마이클 린드(Michael Lind)는 《새로운 계급

---

6   Julius Krein, "The Real Class War," *American Affairs* 3, no. 4 (2019), https://americanaffairsjournal.org/2019/11/the-real-class-war/.

7   Amber Frost, "The Characterless Opportunism of the Managerial Class," *American Affairs* 3, no. 4 (2019), https://americanaffairsjournal.org/2019/11/the-characterless-opportunism-of-the-managerial-class/.

전쟁: 관리직 엘리트에서 민주주의 구하기》라는 책을 발표
했다. 린드는 여기서 무계급 사회라는 미국의 이상이 부활
하길 바라면서 영미 포퓰리즘이 부상한 것은 관리직 엘리
트의 탓이라고 비난한다. 내 의견도 완전히 다르지는 않다.
린드는 또한 중도파의 점진주의를 거부하는 노동 계급을
악마화한다고 PMC를 비난한다. 린드는 반(反)사회주의자
이면서도 노동 계급의 권력을 옹호하는 생소한 존재다.[8] 그
런 점에서 그는 '월스트리트를 점령하라' 운동의 실패와 무
정부주의적 절차주의 때문에 그 운동이 계급 갈등을 간과
했다는 것 그리고 그런 정치를 촉진한 문화적 전환에 대해
다룰 수 있었다. 그러나 지속적인 계급 평화를 확보한다는
그의 목표는 계급 대립을 깔끔하게 협상을 통해 해결하는

---

8   린드가 관리직 엘리트라고 부르는 이들의 지배에 맞선 정당성 투쟁에
서 노동 계급을 강화하기 위해 그는 노동 계급의 힘이 그 역사적 형태를 회
복해야 한다고 주장한다. 즉, 경제적 지배에 맞서 길드는 노동 계급의 이익
을 대변하고, 지역구는 통치와 문화의 영역에서 노동 계급의 이익을 대변하
고, "총회는 미디어 엘리트와 초계급적인 상아탑 엘리트에 맞서는 노동 계
급 시민들 편에서 대항력을 행사할 것이다". Michael Lind, *The New Class
War: Saving Democracy from the Managerial Elite* (New York: Penguin
Portfolio, 2020), 136.

것이어서 정치적이고 객관적이라기보다는 관리적이고 행정적이다. 사회주의가 실제로 실행되면 일종의 정치적 지배가 이뤄져 계급 투쟁의 종말이 아니라 진정한 시작에 불과할 뿐이라는 생각에 린드와 대부분의 중도파, 즉 보수주의자와 자유주의자들은 두려워한다.

PMC는 하나의 계급으로서 불평등보다는 편향을, 자본주의보다는 인종차별주의를, 착취보다는 가시성에 대해 말하길 좋아한다. 그들에게 관용이란 최고의 세속적 미덕이지만, 거기엔 정치적이거나 경제적인 의미가 거의 없다. 우파는 자유주의자들의 잘난 체에 대해 잘 알고 있으며, 위선자로 불리는 이 계급에 대한 대중의 분노를 무기로 삼아왔다. 폭스 뉴스는 자유주의자들 덕분에 존재한다. 전문가와 전문성에 대한 반동적 증오는 사람들에 대한 사랑에서 비롯되는 것이 아니라, 모든 사회 문제를 해결한다는 자유 시장의 특수 주권에 대한 충성심에서 비롯된다. 사실, 보수주의자에게는 그들의 대중적 분노 정치를 위해 동네북 역할을 해줄 억제된 전문가들인 기능적이고 강력한 PMC의 핵심층이 필요하다. PMC는 전국민의료보험법 같은 대중적 정책을 배신하면서 이런 반동주의자들의 기대에

계속 부응하고 있다. 그들은 전국민의료보험법 대신 가계
조사에 기초하고, 싱크 탱크가 지원하고, 대형 제약 회사와
로비스트가 승인하는 형태의 건강보험을 채택했는데, 이런
건강보험은 공공 보건과 보건 노동자를 희생해 이윤을 탈
취하는 것이다. 보험 회사들은 코로나19 팬데믹이 시작된
이후 이윤을 2배로 불렸다. 이들 회사의 가장 강력한 로비
스트는 그들에게 사로잡힌 민주당이다. PMC의 미덕에서는
또한 돈 냄새가 난다는 게 드러났다.

　　PMC는 성격상 아주 세속적이지만, 그들의 수사적
인 어조는 거의 종교적이다. PMC가 자유주의적 올바름으
로 미디어를 독점해 보수적인 기독교인을 격분시키는 반
면, 그들이 구원을 찾는 곳은 대부분의 개신교 교파처럼
물질적이고 세속적인 성공이다. 자유주의 집단에서 계급
이나 계급 의식을 다른 형태의 차이에 앞서 언급하는 것은
단순한 논란거리가 아니라 이단이다.[9] 당신이 인종·젠더·

9　　미국 민주사회당 뉴욕지부가 내린 아돌프 리드(Adolph Reed, 1947~:
미국의 좌파 학자—옮긴이)의 활동 금지 참조. Michael Powell, "A Black
Marxist Scholar Wanted to Talk about Race: It Ignited a Fury," *New*

계급은 호환할 수 있는 범주가 아니라고 주장하면, 그들은 당신을 '계급 환원론자'라고 부를 것이다. 그들은 자신들의 정치에 대한 유물론적 비판을 수용하기 위해 형식에 얽매인 **교차적**(intersectional)이라는 치명적인 용어로 담을 쌓는다. PMC는 자신들의 계급 정체성이나 계급 이익이 폭로되기를 원치 않을 뿐이다. 에런라이크가 '자유 전문직'이라고 불렀던 직종에 진입해 학계나 문화계 그리고 문화 산업계에서 자리를 잡고 싶어 하는 청년들은 PMC가 장악한 영향력 네트워크라는 프로크루스테스(그리스 신화에 등장하는 인물. 행인을 붙잡아 자신의 침대에 눕혀서 침대보다 크면 신체를 자르고 침대보다 작으면 신체를 늘여서 죽였다—옮긴이)의 침대에 자신을 맞추어야 했다. 계급 비판의 특전을 원하는 사람은 누구나 빨갱이로 철저히 괴롭힘을 당하면서 "사회주의자라면서 왜 멀쩡한 옷을 입느냐? 포대 자루를 입어야 하지 않냐?" "왜 스포츠를 즐기느냐? 그건 군산복합체의 일부 아니냐?" "왜 갈등을 조장하느냐? 무책임하게 폭력을 선동

York Times, August 14, 2020, https://www.nytimes.com/2020/08/14/us/adolph-reed-controversy.html.

하는 것 아니냐?" 따위의 질문을 받을 각오를 해야 한다. PMC 엘리트는 금욕이 좌파의 운명이며, 사회를 좀먹는 불평등에서 생긴 어떤 종류의 사회적 갈등도 좌파의 잘못이라고 믿는다. 좌파에 대한 이런 속 편한 추정을 조장하면서 PMC는 자본주의가 사치와 화합 모두의 공급자라고 옹호한다. 개브리엘 위넌트가 좌파의 언어는 호선적이라고 득징지은 것은 PMC를 문제 삼는 그들의 대항마인 사회주의자를 훈육하려고 시도하는 자유주의의 한 예에 불과하다. 좌파가 받아들여야 하는 것은, 우리에게는 계급 대립과 계급 모순이 없으면 계급도 없다는 것이다. 나는 PMC에 대한 내 의견을 피력하지 않는다. 왜냐하면 우리의 차이점에 대해 교양 있는 토론이 이뤄지길 바라기 때문이다. 내가 이 비판서를 쓰는 것은 우리에게 절실히 필요한 사회적·정치적 변화의 채택과 지지를 거부하는 자유주의적 PMC의 역사에 근거를 둔 미덕 사재기 정치를 고립시키기 위해서다.

1977년에 에런라이크 부부는 처음으로 PMC의 가치와 이념이 예측 가능한 미래에 자유주의 정치를, 그리고 결국에는 신자유주의 정치를 지배할 것이라고 예견했다. 두 사람이 저서를 출판한 이래, 그 계급의 힘은 팽창하고 자본주의는 더욱더 약탈적으로 되어가면서, 그 계급과 계급의 특징은 진화하고 변모를 거듭했다. 사실, PMC의 대체 가능성은 그 계급의 구조적 역동성의 일부다. 에런라이크 부부의 분석 덕분에 PMC가 1970년대 이래 축적해 온 권력에 필사적으로 집착하게 된 가장 최근의 모습에서 한 계급의 헤게모니를 분리해 확인할 수 있다.[10] 전문성 독점의 어두운 사회적 결과와 더불어 유의미한 경제적 재분배의 그 어떤 시도도 차단하면서 공공의 미덕을 독점하려는 그들에 의해 현재의 정치 상황이 형성되었다.

에런라이크 부부는 양차 세계대전 사이에 본질적으로 착각에 빠진 정치적 주체였던 베를린의 봉급쟁이 대중에 대한 지크프리트 크라카우어의 연구에서 영감을 받았다. 그들은 육체노동하는 이를 경멸했고, 열정적으로 사직서를 쓰면서도 즉각적인 사치와 부를 꿈꾸었다. 라이트 밀스는 전후(戰後)의 화이트칼라 노동자를 판매와 어쩔 수 없이 동일시된다고 비난했으며, 이 특수한 노동자들이 시장 규율에 그리고 인격과 상호 주관성의 물화된 조립식 버전

---

10   Ehrenreich and Ehrenreich, "Professional-Managerial Class,"

에 특히 쉽게 영향을 받는다고 생각했다. 크리스토퍼 래시(Christopher Lasch)는 화이트칼라 관리 계급이 자신들의 나르시시즘에 희망 없이 집단적으로 빠져 있다고 믿었다.[11] 에런라이크 부부가 볼 때, 현대의 PMC는 과거 좌파 사회 비판자들이 지적한 이런 모든 성격을 체화(體化)하고 있지만, 이 계급의 새로운 엘리드들은 자본주의와의 동일시를 무기로 삼아왔다. 그들은 대중의 상스러움과 어리석음을 업신여기지만, 그들의 자유주의적인 선배들이 옹호한 전문직의 규약과 규범에 전적으로 무관심하고 심지어 적대적이기까지 하다. 명성을 좇고 위계와 조직을 혐오하는 기업가 정신의 전통과 역사를 타파하는 모습을 그들은 실제로 높이 평가한다.

이 책을 읽고 있는 여러분은 아마도 나처럼 PMC의

---

11   Siegfried Kracauer, *The Salaried Masses: Duty and Distraction in Weimar Germany*, trans. Quentin Hoare (London: Verso, 1998); C. Wright Mills, *White Collar: The American Middle Classes* (London: Oxford University Press, 2002); Christopher Lasch, *The Culture of Narcissism: American Life in an Age of Diminishing Expectations* (New York: W. W. Norton, 2018).

양가적인 구성원일 것이다. 나는 기껏해야 2세대 PMC이지만 내 계급이 보여주는 것을 좋아하지 않고, PMC가 사재기하고 싶어 하는 것들, 예컨대 미덕, 기개, 인내, 학식, 전문 지식, 위신, 즐거움과 함께 문화 자본과 실제 자본을 공론화하기 위해 싸우기로 결심했다. 자신이 부분적으로 속해 있는 계급의 변화 중인 윤곽을 밝히는 것은 자신의 가치와 감수성 그리고 정동(affect, 情動)의 껍질을 벗겨내면서 잔인하게 재개념화하고 역사화하는 것으로부터 시작해 정치적 자아비판이라는 어려운 과정으로 들어가는 일이다. 지성과 세련에 대한 자기애적 숭배를 거부하는 것은 단순한 일이 아니다. 이 짧은 입문서의 목표는 자아비판에 필요한 작업을 하는 데 도움을 주면서, PMC가 가장 잘 지켜낸 보루들인 정치 조직, 출판, 미디어, 민간 재단, 싱크 탱크, 대학교에 자리 잡고 있는 그들을 공격할 수 있는 몇몇 도구를 제공하는 것이다.

　　우파가 경제의 재조직과 대규모 사회적 재분배를 막는 완강한 장애물의 대표 격이지만, 다른 종류의 사회와 세상, 요컨대 평범한 사람과 노동 계급의 존엄성이 주역이 되는 사회와 세상을 만드는 데 필요한 정치적 혁명을 가로

막는 것은 사실상 자유주의적인 PMC다. PMC는 버니 샌더스가 대통령이 되었다면 시행했을 간단한 재분배 정책에 매우 적대적이고, 억압당하는 사람들의 연대를 구축한다는 생각에 반대한다. 그들은 사회 질서를 변혁하는 재구성보다 이익 집단의 몽매주의, 파편화 그리고 관리를 선호한다. 그들은 도덕적인 사회의 영웅 노릇을 하고 싶어 하지만, 한 계급으로서 그들은 완전히 반동적이다. PMC의 이익은 이제 대다수 미국인의 투쟁보다는 그들의 기업 주군들에게 그 어느 때보다 더 밀착되어 있고, 미국인의 고통은 PMC 엘리트가 하는 자원봉사 활동의 배경 장식일 뿐이다. PMC 구성원은 자신들의 자격증을 어루만지며 자신들이 앞서고 지도할 자격을 다른 사람들보다 더 잘, 더 많이 갖추었다고 스스로에게 말함으로써 집단적인 고통에 대한 날카로운 죄책감을 누그러뜨린다.

PMC의 중도주의는 강력한 이념이다. 연구와 혁신에서 그들의 우선순위는 점점 더 기업의 이익과 이윤 동기로 형성되어온 한편, 인문학과 사회과학 분야의 학자들은 역사적 유물론을 언급하지 않으면서 역사적 지식을 총체적으로 외면한 대가로 민간 재단으로부터 보상을 받는다. 지배 계급의 지침을 따르는 보상은 매우 크지만, 그러한 순종의 대가로 지불해야 하는 지적이고 정신적인 비용은 사회 구성원 누구에게나 너무 클 수밖에 없다. 학계에서 미국의 PMC는 동료 평가를 통한 합의와 연구의 자율성이라는 엄정함을 확립하는 데 상당한 진전을 이루었다. 하지만 우리는 '극단주의'에 대항하는 비밀 병기로 인식론적 중립성의 원칙을 내세우는 그들을 옹호할 수 없다. 우리는 정치적·환경적·사회적 위기 상황 속에서 살고 있다. 요컨대 자원 분배를 둘러싼 계급 전쟁은 우리 시대의 결정적인 전투다.

에런라이크는 PMC에 대해 다룬 1977년의 저서에 이어 출간한 후속작 《추락 공포: 중산층의 내면생활》에서 노동 계급에 대한 PMC의 쌓여가는 계급 적대감은 사회 복지와 공익 사업을 공격하는 우파에 대응하면서 커져가는 경제적 공포로 인해 고무되었고, 지금은 평범한 사람들을 경멸하는 반문화와 결합해 있다고 주장했다. 레이건 시대가 되면 히피(hippie)는 여피(yuppie), 즉 도시의 젊은 전문가로 모습을 바꾸었고, 그들은 아메리칸 익스프레스 카드가 제공하는 비할 데 없는 쾌락과 순간의 만족에 대한 강렬한 애착을 뽐낼 수 있었다.[12] 위에서 아래로의 경제적 재분배가 종말을 고하고 지대를 추구하는 자본가들이 대중의 통념에서 더 이상 험담을 듣지 않게 되면서, 여피는 미국인에게 현란하고 방종적인 미래로 가는 길을 가리키는 인물들로 잠시 무대의 중앙을 차지했다. 에런라이크에 따르면, 여피는 1960년대의 향락주의와 1980년대의 빚으로 굴러가는 소비주의를 조화시켰다. 롤렉스 시계가 기도에 필요한 묵주(默珠)가 되었지만, 전통을 타파하는 풍조는 여전했다: 쾌락이 너를 자유롭게 하리라. 도시의 젊은 전문가들은 과거 PMC의 특징이었던 경제적 무심함과 공익사업이라는 엘리트의 이상을 비웃듯 흉내 냈다. 돈의 순수 권력에 대한 칭송은 《아메리칸 사이코》에 등장하는―노숙자와 창녀를 살해하고 마약에 찌든 월스트리트 중개인인―가공의 인물 패트릭 베이트먼(Patrick Bateman)과 실제 인물 도널드 트럼프 둘 모두에 의해 구현되었다. 《아메리칸 사이코》에서 저자 브

---

12   Barbara Ehrenreich, *Fear of Falling: The Inner Life of the Middle Class* (New York: Twelve, 2020).

렛 이스턴 엘리스(Bret Easton Ellis)는 여피의 사디즘을 **초월적일 정도로** 반자유주의적이고 흥미진진하고 매혹적으로 보이게끔 만들었다.[13]

1980년대에 이르면, 평범한 중간층과 중하층 그리고 노동자 계급 미국인에 대한 PMC 엘리트의 환상은 여피와 히피에 대한 환상으로 물들었다. 말하자면 평범한 사람들은 쓸모없는 안정적인 직업과 지연된 만족 그리고 사회적 순응의 덫에 빠진 플로베르(G. Flaubert)의 시골 천치들〔플로베르는 소설 《부바르와 페퀴셰(Bouvard et Pécuchet)》에서, 도시의 평범한 봉급쟁이가 거액의 상속을 받은 후 시골로 가서 농사를 지으며 닥치는 대로 책을 읽어 지식을 쌓으려 하는 이야기를 다룬다—옮긴이〕 같았지만, 개탄스럽게도 좋은 연금과 혜택을 즐겼다는 것이다. 히피가 노동조합이 전후(戰後)에 기업들과 협상을 통해 얻은 평화로 이루어낸 안정을 혐오했다면, 여피는 차입 매수(leveraged buyout: 회사의 자산 등을 인수할 때, 그 금액의 상당 부분을 차입해서 지불하는 것—옮긴이)를 통해 평생 보장 고용 제도를 앞장서 파괴했고, 그 결과 블루칼라와 화이트

---

13   Bret Easton Ellis, *American Psycho* (New York: Vintage, 1991).

칼라의 대규모 인원 감축을 초래했다. 여피는 따분하고 걱정 많은 순응주의자들이어서 아메리칸 사이코나 카리스마 있는 소시오패스는 아니었지만, PMC 엘리트의 새로운 모습을 대표했다. 그들은 새로운 주인에게 봉사했고, 그 봉사에 따른 보상을 즐겼다. 잭 웰치(Jack Welch)가 1981년 제너럴 일렉트릭을 맡았을 때, 그는 슈퍼히어로서 주주 가치 경영 풍조의 상징이었다. 웰치는 핵심적인 PMC의 비용 절감에 힘입어 "노동력을 절감해 주가(株價) 올리기에 착수했다".[14] 7만 명 넘는 제너럴 일렉트릭의 직원이 웰치가 지켜보는 가운데 직장을 잃었고, 전 세계 언론과 경영대학원이 그의 경영 능력을 크게 칭송했다. 주식 중개인과 고위 관리직은 노동력 감축 작업으로 큰 보상을 받았다. 여피는 자본주의를 위한 새로운 세상을 여는 데 일조했다. 그것은 공적 긴축과 사적 사치(private luxury), 황폐한 배후지로 둘러싸인 빛나는 도시, 그리고 세계화된 경제의 세상, 전광석화 같은 자본의 흐름과 역외 노동의 세상이었다. 그들은 신자유주의의 명령을 집행했고, 신용카드의 한도로만 제한되는

---

14   Fraser, *Age of Acquiescence*, 211.

이른바 전위주의(vanguardism)에 취해 있는 동안 마약을 흡입했다.

레이건이 사회 안전망을 물어뜯으면 뜯을수록 허약한 중산층은 부르주아 체면에 걸쳐놓은 발판을 잃어버리면 그들 역시 가난해질 수 있다는 악몽과도 같은 망령에 점점 더 시달렸다. PMC는 자신들보다 낮은 계급을 지배 계급의 눈으로 보았고, 궁핍해진 가난한 사람들과 재빨리 거리를 둘 수 없었다. 하향적 사회 이동이 끔찍한 현실이 되면서 가난한 사람들은 갈수록 소름 끼치는 타자로 여겨졌다. 빈곤은 인종화되었고, 가난한 사람들은 우파의 화젯거리에서 악마화되었다. 레이건 시대에는 빈곤에 대한 새로운 서사, 즉 가난한 사람은 충동을 억제하지 못한다는 얘기가 등장했다. 가난한 사람들은 자기 분수에 맞게 살지 않는다는 것인데, 이 이야기는 대니얼 모이니핸(Daniel Moynihan)이 빈곤은 '문화'의 문제라고 주장한 1960년대에 시작되었다.[15]

---

15 '빈곤 문화'는 논란의 여지가 있고 비판을 아주 많이 받는 용어인데, 멕시코시티의 한 가난한 가족을 연구한 인류학자 오스카 루이스가 만들었다(Oscar Lewis, *Children of Sanchez* 〔New York: Vintage, 2011〕). 대니

1980년대에 이르자 미국 중산층은 아래 계급으로 추락할까 봐 공포에 떨었고, 그들의 재정적 안녕은 객관적으로 말해서 갈수록 위험한 상태에 빠졌다. 불안정성과 중산층의 취약성이 팽배한 새로운 시대에, 그들은 위의 계급인 여피의 멋진 모습에 매료되었고, 아래 계급에 대해서는 공포에 떨었다.

경제적 갈등의 틀을 이런 식으로 짜면 정치경제보다 문화를 지나치게 강조하게 되어서 이 같은 갈등의 물질적 조건이 감춰진다. 프레드릭 제임슨(Fredric Jameson, 1934~2024: 미국의 문학이론가이자 철학자—옮긴이)을 비롯한 마르크스주의자들은 사회적 대립의 이해에서 '문화적 전환'을 확인하고서는 취향과 정동을 예측하는 장치를 내세우며 경제적 조건을 숨겨버렸다. 1990년대에 이르자 1970년대에 박사 학위를 받은 문화적 반항아들이 대학교를 휩쓸고 다니면서 종신 교수직을 확보했다. 그들은 문화적 이단에 심취

얼 모이니핸도 궁핍화의 원인으로 가족과 문화에 초점을 맞추었다(Daniel Moynihan, "The Negro Family: The Case for National Action" (March 1965)). https://www.dol.gov/general/aboutdol/history/webid-moynihan.

하는 것만큼 예산과 행정에는 관심을 두지 않았다. 분화적 이단의 예로는 청바지를 입고 수업하기, 대마초 피우기, 학생들과 같이 자기, 존 케일(John Cale, 1942~: 영국의 가수이자 음악 프로듀서―옮긴이)의 음악 듣기, 마돈나(Madonna, 1958~: 미국의 가수―옮긴이)의 엠티브이(MTV: 미국의 음악 전문 케이블 방송 채널―옮긴이) 비디오 즐기기 등을 들 수 있다. 장 보드리야르(Jean Baudrillard, 1929~2007: 프랑스의 철학자―옮긴이)는 모든 것은 시뮬라크르(simulacre: 실재와 모방이 구별되지 않는, 실재보다 더 실재적인 모방을 의미하는 보드리야르의 핵심 개념―옮긴이)라고 우리에게 가르쳤는데, 스타일은 실체의 가장 중요한 부분이 된 것처럼 보였고 단어는 기표(signifier)가 되어 그 지시물에서 끊임없이 풀려났다. PMC가 진화하는 가운데 주류 문화에 대한 반감과 평범한 사람들은 하위문화의 우쭐대는 우월감과 혼합되었다.

전문성의 경계 '넘기'

1996년 학술지 〈소셜 텍스트(Social Text)〉가 앨런 소칼(Alan Sokal)의 논문 '경계 넘기: 양자 중력의 변형적 해석학을 향해서'를 수락하고 게재했을 때, 편집자들은 오늘날 우리가 '깨어 있는' 물리학자이자 수학자라고 부르는 이의 업적을 출판하는 것이라고 믿었다. 소칼은 주석에서 데리다(J. Derrida)부터 가타리(F. Guattari)와 들뢰즈(J. Deleuze)까지 이론가들을 인용하며 다음과 같이 머리카락이 곤두서는 주장을 했다.

20세기 과학에서 심오한 개념적 변환은 …… 데카르트-뉴턴 형이상학의 토대를 허물었다. 역사와 과학철학에서 수정주의 연구는 그 신뢰성에 더 많은 의혹을 제기했고, 아주 최근에 페미니스트와 탈구조주의 비판자들은 서구의 주류 과학적 관행의 실질적 내용을 탈신비화하면서, '객관성'의 외관 뒤에 숨은 지배 이데올로기를 폭로했다. 따라서 물리적 '실재'는 사회적 '실재' 못지않게 근본적으로 사회적이고 언어적인 구성물이다.[1]

자유주의적 다원주의의 탈을 쓴 급진적 상대주의와 탈구조주의 이론의 이름으로, 소칼의 논문은 우리가 물리 법칙들이 관장하는 세계에 살고 있고, 그 물리 법칙들은 관찰과 설명이 가능하다는 근대 과학의 토대 자체를 부인했다. 상대주의와 상대성을 혼동하게 만드는 이론 친화적이고 반계몽주의적인 저술을 지지하려는 열망에 사로

---

1   Alan Sokal, "Transgressing the Boundaries: Towards a Transfor-mative Hermeneutics of Quantum Gravity," *Social Text* 46/47 (1996): 217-252, https://physics.nyu.edu/faculty/sokal/transgress_v2/transgress_v2_singlefile.html.

잡힌 〈소셜 텍스트〉의 편집자 스탠리 애로노위츠(Stanley Aronowitz)와 브루스 로빈스(Bruce Robbins), 앤드루 로스(Andrew Ross) 그리고 그 논문의 동료 평가자들은 수학과 대중 요법이 '이론' 자체에 의해 무너져 넘어서게 되길 기다리는 중이라고 믿을 준비가 되어 있었다. 양자물리학에 대한 소칼의 논문은 불안정하지만 경계를 넘는 아원자 입자들(subatomic particles)이 지배하는 새로운 모계적 다중 우주(matriarchal multiverse)를 예고하는 것처럼 보였는데, 이러한 입자들은 실재를 이리저리 가로지르며 우리의 생각을 뒤흔들고, 우리의 젠더와 우리의 취향 문화를 바꿀 준비를 마친 터였다.

소칼이 자신의 논문은 문화 연구의 최고 학술지에서 지적·과학적 판단 기준이 결여되어 있다는 것을 폭로하기 위해 계획한 장난이라고 밝히고 난 후, 편집자들은 격분하면서도 생색을 내며 방어적으로 대응했다. 탈구조주의와 같은 종류의 이론은 일종의 사기여서 학술 연구나 증거에 기반하지 않으며, 과학과 객관성 같은 엉터리 악령에 대해 그럴듯한 말을 늘어놓는 야심 찬 저자들에 의존하고 있다고 소칼은 주장했다. 이에 대해 〈소셜 텍스트〉 편집자들은 소칼이 제출한 논문을 처음 받았을 때, 그가 이론을 약간 서투르지만 아주 열정적으로 터득하려고 노력해 격려받을 만한 순진한 과학도라고 생각했다고 강변했다. 편집자들은 처음엔 (말하자면 격려한다면서) 그에게 생색을 내더니 그 논문이 장난이었다는 걸 알고는 그를 악마화했다. 그들은 소칼이 비윤리적인 행위를 저질렀고 불성실하다며 비난했다. 사실, 그 논문을 게재한 것은 편집자들의 실수였다. 그로 인해 적어도 학계에서 인문학의 명성은 심각한 타격을 받았다. 물리학자와 수학자 그리고 양자물리학과 양자화학을 연구하는 젊은 과학자들은 아직도 소칼 사건을 눈여겨본다. 이론가와 인문학자들은 이 사건을 잊으려 애쓰는 추세다. 어쨌든 이 학술지의 편집자들은 누구도 전문가로서 책임을 지지 않았다.[2] 사실 로스, 애로노위츠 그리고 로빈스의 명성은 이론가 집단에서 빛나고 있었다. 그들이 이론과 정체성 정치의 반동적인 적들에 맞서 선전을 펼치고 있다고 주장했기 때문이다. 이 3명의 편집자는 학계를 지배하게 될, PMC가 승인하는 정체성주의 입장을 대변했다. 주목해

---

2   https://physics.nyu.edu/faculty/sokal/SocialText_reply_LF.pdf.

야 할 점은 소칼 사건이 미국 학계에서 문화 선쟁이 최고조에 다다랐을 때 발생했다는 것이다. 이 시기에 이론과 문화연구 혁신가들은 자신들의 인식론적 혁신에 반대하는 모든이를 반동적이라고 덧칠하면서 객관성, 더 나쁘게는 보편주의 같은 시대에 뒤떨어진 관념을 고수하려 애썼다.

탈구조주의 문화 연구 이론가들은 앨런 그린스펀(Alan Greenspan, 1926~: 미국의 연방준비제도이사회 의장을 지낸 경제학자—옮긴이) 같은 신자유주의 경제학자들과 그린스펀의 주군인 아인 랜드(Ayn Rand, 1905~1982: 러시아 태생의 미국 소설가. 정치적으로는 자유방임주의를 강력하게 주창했다—옮긴이)의 이상주의만큼이나 제2차 세계대전 이후의 억압적인 자유주의적 합의를 경멸했다. 그 자유주의적 합의는 평생 고용, 노동자의 힘, 강력한 사회 복지와 재분배 경제 정책을 지지하는 국가와 기업에 기초를 두었다. 신좌파와 문화 연구자들은 신자유주의자만큼이나 자유주의적 합의를 혐오했다. 내 말을 믿지 못하겠다면, 1990년대의 문화 연구 저서의 디지털 사본에서 자유주의적 합의를 검색해보기 바란다. 그러면 가부장제와 이성애중심주의 그리고 미셸 푸코의 모호한 '지배' 개념으로 자유주의적 합의가 일축되기만 하는 것처럼 보인다는 걸 알게 될 것이다. 그처럼 경멸받는 합의로 구축된 경제 체제와 사회 안전망은 기업 약탈의 시기인 1990년대에 이미 허약해졌다. 엘리자베스 워런과 테리사 설리번(Teresa A. Sullivan)이 그들의 책 《취약한 중산층: 빚에 빠진 미국인들》(2001)에서 보여주었듯이, 임금 압축(wage compression: 고임금 노동자와 저임금 노동사의 임금 격차가 줄어드는 현상—옮긴이)과 생활비 증가로 미국 중산층은 임금 상승으로 한때 얻은 생활 수준을 유지하기 위해 빚을 져야 했다.[3] 워런과 설리번은 중산층이 자신들의 봉급으로는 살 수 없어 정체된 임금을 보충하기 위한 신용카드나 2차 담보 대출 같은 금융 상품으로 착취당하고 있다는 것을 보여주었다. 그들은 대출을 받아서 휴가를 가는 게 아니라, 의료비와 학비를 대거나 자신 또는 가족이 안정적인 직장에서 실직된 후 소규모 자영업을 시작하는 비용으로 썼다. 워런과 설리번이 확인한 추세는 그들의 책 출판 이

---

3   Elizabeth Warren and Teresa A. Sullivan, *The Fragile Middle Class: Americans in Debt* (New Haven, Conn.: Yale University Press, 2001).

후에 더욱 심화되었을 뿐이다. 경제 성장은 대부분의 미국인을 소외시켰지만, 1990년대와 2000년대 초에 주식 시장의 변동성에도 불구하고 부동산 가치는 계속 올랐다. 은행은 주택 가격이 계속 오르는 한 중산층과 노동 계급의 주택 담보 대출은 채권자들에게 미개척 수익원이라는 사실을 알아챘다. 임금 압축으로 여전히 고통받던 미국인들은 폭등하는 생활비를 충당하기 위해 자신의 집을 2차 담보 대출용으로 사용했다. 은행은 초창기에 재융자에 열성적이었다. 직장인에게는 신용을 거의 제공하지 않으면서, 주택 소유자와 주택 구입자들에겐 얄팍한 서류만 제출하면 거액의 대출을 해주었다. 이러한 대출이 서브프라임 모기지 붕괴의 핵심이었다. 사람들은 비싼 새집을 사거나 이미 대출받은 집을 담보로 재융자를 받으라는 부추김을 당하면서 낮은 금리로 돈을 빌렸다. 그리고 몇 년 뒤 금리가 폭등했다. 은행들은 서브프라임 모기지로 알려진, 사기에 가까운 이런 대출을 복잡한 금융 상품으로 포장했다. 건전한 부채와 위험한 부채를 부채담보부증권이라는 이름으로 결합한 것이다.

압박을 받은 주택 소유자들이 채무 불이행을 시작

하자 사상누각은 이내 무너져내렸다. 고위험 부채 상품에 과도하게 노출된 투자 은행 베어 스턴스(Bear Stearns)는 2008년 3월에 자금이 바닥났다. 리먼 브라더스(Lehman Brothers)가 그해 가을에 파산했고, 주식 시장과 주택 시장이 차례로 붕괴했다. 부자들은 가난한 사람들이 미친 시장을 이용해 돈을 벌려 했다고 비난했지만, 도덕적 결함이나 부채 '문화'가 붕괴의 진정한 원인이 아니었다는 사실을 우리는 알고 있다. 평면 텔레비전을 구입하는 가난한 사람들 때문에 위기가 발생했다고 부유한 미국인들이 불평하는 것을 나는 들었다. 내 가족 중에도 그런 사람이 있었다. 도금 시대(Gilded Age: 19세기 말 미국의 자본주의가 급속히 발전하던 시기—옮긴이)에 그랬던 것처럼, 부자들은 또다시 자신들이 가난한 사람들보다 우월하다고 느끼는 방법을 찾았다. 이번에는 자신들의 부를 좀더 도덕적인 것으로 다루면서 말이다. 평범한 미국인들이 부패와 금융화, 임금 압축, 추락의 공포 그리고 규제 결여라는 끈적끈적한 그물망에 걸렸다는 게 드러났다. 존 캐시디(John Cassidy) 같은 언론인과 애덤 투즈(Adam Tooze) 같은 금융역사학자들이 볼 때, 붕괴와 그에 따른 구제 금융은 전 세계적으로 중도파 정부의

몰락과 직접적으로 관련이 있다.[4]

2008년 9월 10일, 조지 W. 부시 대통령 행정부의 재무장관 헨리 폴슨(Henry Paulson)과 벤 버냉키(Ben Bernanke) 연방준비제도이사회 의장은 의회에 출석해 붕괴하는 은행 부문을 구제해줄 것을 의원들에게 촉구했다. 2009년 오바마 행정부에서 티머시 가이트너(Timothy Geithner) 재무장관은 부실 자산 구제 프로그램을 교묘하게 가공해 은행이 회계 균형을 맞추도록 7억 달러의 공적 자금을 제공했다. 투즈의 분석에 따르면, 연방준비제도는 전 세계의 금융 유동성을 확보하기 위해 비(非)미국 은행들에 5조 달러를 추가로 이전했다. 그러는 동안 2007~2016년 780만 명의 미국인이 압류로 집을 잃었다.[5] 경제 위기와 구제 금융은 모든

4   존 캐시디는 금융 붕괴 10주년을 맞아 〈뉴요커(New Yorker)〉에 2008년 위기의 세계적인 정치적 여파에 대해 짧지만 포괄적인 설명을 제시했다. "The Real Cost of the 2008 Financial Crisis," https://www.newyorker.com/magazine/2018/09/17/the-real-cost-of-the-2008-financial-crisis. 애덤 투즈의 다음 책도 참조. *Crashed: How a Decade of Financial Crises Changed the World* (New York: Penguin, 2018).

5   2008년 위기 이전에 불투명한 부채 상품이 어떻게 만들어져 확산했는지에 대한 설명을 보려면 다음을 참조. Gillian Tett, *Fool's Gold: The*

면에서 불평등을 부채질했고, 금융 부문의 의미 있는 개혁으로 이어지지 못했다. 구제 금융을 받은 은행들은 노동 계급 가족들의 집을 계속 압류하면서 신용도 높은 대출자에 대한 신규 융자를 거부했다. 아이비리그에서 교육받은 아프리카계 미국 대통령 행정부에서 아프리카계 미국인 가족의 부는 붕괴했다. 사실, 아프리카계 미국인과 라틴계 주택 소유자들이 2008년 금융 위기로 가장 심한 타격을 받았다는 것은 상식이다. 2018년 백인 가족이 소유한 자산이 100달러라면, 아프리카계 미국인 가족의 자산은 5달러에 불과했다.[6] 오바마의 정체성 정치는 소수자와 노동 계급에게 혜택을 주는 경제 정책으로 전환되지 못했다.

Inside Story of J.P. Morgan and How Wall Street Greed Corrupted Its Bold Dream and Created a Financial Catastrophe (New York: Free Press, 2010). 인물 중심의 붕괴 버전에 대해서는 다음을 참조. Michael Lewis, *The Big Short: Inside the Doomsday Machine* (New York: W. W. Norton, 2010). 애덤 매케이(Adam McKay)가 감독한 동명의 영화에서는 크리스천 베일(Christian Bale)이 주연을 맡았다.

6   Paul Kari, "A Decade after the Housing Crisis, Foreclosures Still Haunt Homeowners," https://www.marketwatch.com/story/a-decade-after-the-housing-crisis-foreclosures-still-haunt-homeowners-2018-09-27.

2008년 붕괴의 여파 속에서, 그리고 월스트리트를 점령하라 운동이 낳은 시위가 고조되는 와중에 에런라이크 부부는 자신들의 1977년 비판으로 돌아가 "여피 꿈의 사망"을 선언했다.[7] 그들의 여피 사망 선고는 시기상조인 데다 지나치게 낙관적이었지만, 당시는 전문·관리 계급, 즉 PMC가 노동 계급과 연대해 스스로를 재구성할 수 있을 것처럼 보이던 때였다. 에런라이크 부부는 그들보다 앞선 크리스토퍼 래시처럼 PMC가 계급 재생산에 어려움을 겪고 있다고 강조했다. PMC가 모든 미국인의 노동 조건을 악화시키면서 자격증을 갖춘 계급으로의 진입 장벽을 너무 높게 세워놓았기 때문이라면서 말이다. PMC의 가족과 그 자녀들은 엄청난 고등 교육 비용은 물론 부패한 능력주의의 좁아진 입구 때문에 휘청거리고 있었다. 에런라이크 부부는 월스트리트를 점령하라 운동에 희망을 걸고 PMC가 진

---

7   John Ehrenreich and Barbara Ehrenreich, *Death of a Yuppie Dream: The Rise and Fall of the Professional Managerial Class* (New York: Rosa Luxembourg Stiftung, 2013), http://www.rosalux-nyc.org/wp-content/files_mf/ehrenreich_death_of_a_yuppie_dream90.pdf.

정한 정치적 반항성을 갖추길 바랐다.[8] 시위대가 2011년 9월 17일 월스트리트의 주코티 공원을 점거했을 때, 젊고 대학 교육을 받았지만 하향 이동하는 '점령자들'이 전국적인 주목을 받았다는 것은 부인할 수 없다. 그들은 두 달 만에 쫓겨났지만, 그 운동은 경제적 불평등을 설명하는 변치 않는 공식 하나를 똑똑히 표현했다. "우리는 99퍼센트다"라는 구호는 인구의 가장 부유한 계층인 1퍼센트와 나머지 우리, 심지어 상위 9퍼센트인 PMC 구성원 사이의 적대감을 조성했다. 뉴욕 시립대학교의 연구자 루스 밀크먼(Ruth Milkman), 스테퍼니 루스(Stephanie Luce), 페니 루이스(Penny Lewis)가 대규모 시위가 벌어진 2012년 5월 1일에 실시한 조사에 따르면, 이 시위에 참여한 활동가들과 앞서 주코티 공원을 점거했던 사람들이 대부분 대학 교육을 받은 화이트칼라 전문직 남성이었고, 점령자/응답자 중 8퍼센트만이 자신을 블루칼라라고 밝혔다.[9] 밀크먼과 루스 그

---

8   Ehrenreich and Ehrenreich, 11.

9   Ruth Milkman, Stephanie Luce, and Penny Lewis, "Changing the Subject: A Bottom Up Account of Occupy Wall Street in New York

리고 루이스는 월스트리트를 점령하라 운동을 분석하면서 핵심 운동가들의 경험, 캐나다의 반(反)소비주의 잡지 〈애드버스터스(Adbusters)〉에 대한 유대감 그리고 '아랍의 봄(Arab Spring)' 시위에서 받은 영감을 강조했다.

밀크먼과 루스 그리고 루이스는 "월스트리트를 점령하라 운동은 하나의 부유하는 기표로, 그 안에서 모든 사람이 서로 다른 것을 보았다"는 한 점령자의 말을 인용했다.[10] '부유하는 기표'라는 개념은 탈구조주의 이론에서 가장 중요한 신조 중 하나로, 클로드 레비스트로스(Claude Levi-Strauss, 1908~2009: 프랑스의 인류학자로 구조주의의 창시자─옮긴이)가 문화 영역 일반에 적용한 페르디낭 드 소쉬르(Ferdinand de Saussure, 1857~1913: 스위스의 언어학자로 구조주의 언어학과 기호학의 창시자─옮긴이)의 언어학 이론에 기초한 것이다. 소쉬르가 볼 때, 언어학의 기표는 경험 세계에서

City," https://www.researchgate.net/publication/268126261_Changing_The_Subject_Occupy_Wall_Street's_Achievements_and_Prospects_In_Comparative_Perspective.

10   Milkman, Luce, and Lewis, 25.

대상을 한정하는 그 어떤 지시물에서도 자유롭다. 의미는 개념보다 차이로 인해 발생한다는 소쉬르의 구조주의는 인류학과 문학 이론 분야에 커다란 영향을 주었다. 소쉬르에 의하면, 기의(지시물)와 기표(의미의 언어적 단위)가 조합해서 함께 '기호'를 만든다. 탈구조주의는 언어학의 이러한 원칙을 재용해 철학과 문화 그리고 문학 텍스트에 적용했다. 의미가 기의라는 세계 위에 '부유'할 수 있게 된 것이다. 즉, 기표가 공허하면서도 유희적으로 되어 기의나 지시물에서 분리되었다. 말장난이 하나의 사고 형태가 되면서 '차이'가 한목소리로 해석의 유연한 구조를 결정하는 관건으로서 (헤겔적 의미든, 마르크스적 의미든) 모순을 대신했다.[11] 1994년에 앨런 소칼은 물리적 실재를 설명하려는 과학적 시도와 물리학에 탈구조주의적 관념을 '적용'하는 것이 바보 같은 짓이라는 걸 밝힘으로써 정치와 문화에 대한 탈구조주의적 접근에 흠집을 내려고 했다. 그러나 2012년에 이론가들은 새천년의 가장 의미 있는 대중적 시위운동 중 하나에 소쉬

---

11   Ferdinand de Saussure, *Course in General Linguistics*, 10th ed., trans. Roy Harris (Peru, Ill.: Open Court Editions, 2011).

르 언어학의 결론을 기꺼이 적용했다. 이론적으로 훈련받은 한 세대의 젊은이들이 부유하는 기표와 급진적 다원주의 그리고 경험적 실재와 분리된 금융 가치와 사실상 아주 잘 양립하는 금융 체제에 항의하기 위해 뉴욕시의 공공장소로 나서면서 소칼의 계획은 탈구조주의 집단을 잠재우는 데 실패했다. 의미가 없어진 기호는 주식 중개인과 금융 분석가 그리고 점령자 모두에게 가치, 사기, 거짓말, 협잡에 대해 말하는 정교한 방식을 제공했다.

같은 인터뷰에서 활동가 애런 굽타(Arun Gupta: 미국의 언론인—옮긴이)는 에르네스토 라클라우(Ernesto Laclau, 1935~2014: 아르헨티나 출신의 정치이론가—옮긴이)와 샹탈 무페(Chantal Mouffe, 1943~: 벨기에 출신의 정치이론가—옮긴이)의 등가 사슬(chains of equivalence) 개념에 대해 언급했다. 여기서 등가 사슬이란 모든 이의 불만은 다른 모든 이의 불만과 동등하다고 여기는 것을 말한다. 라클라우와 무페의 부자연스럽게 비뚤어진 포퓰리즘 이론은 대중적 호소력이 없을 위험이 있지만, '새로운' 형태의 정치를 분석한다는 환상을 만들어냈다.[12]

---

12   Saussure.

고등 교육을 받은 월스트리트를 점령하라 운동 구성원들은
모든 집단적 결정에서 합의에 도달하기 위해 절차적 규제
와 토론의 관리에 집착했다. 매일 열리는 회의와 총회는 프
로그레시브 스택(progressive stack: 주변부 사람들에게 더 많은
발언 기회와 투표 가중치를 부여하는 방법—옮긴이)이라고 불리는
기법에 따라 이뤄졌다. 이런 절차주의에 광직으로 집착하
는 운영 전략은 우선순위나 정치에 대한 진정한 토론을 억
제했고, 프로그레시브 스택 자체의 무결점만 장려하는 것
으로 끝났다. 금융 자본으로 인해 삶을 파괴당하고 있는 수
많은 미국인이 공감할 수 있는 정치적 요구를 체계화하는
일보다 프로그레시브 스택을 더 중시한 것이다. 대중 운동
에 관한 PMC와 신좌파의 신념이 월스트리트를 점령하라
운동의 정치적 꿈을 지배하면서 그 운동의 효율성을 제한
했다. 인구통계학적으로나 정치적으로 월스트리트를 점령
하라 운동은 명백하게 PMC 엘리트가 만든 구성체였다. 따
라서 '주제 바꾸기(Changing the Subject)'는 근본적으로 월
스트리트를 점령하라 운동의 정치에 공감하는 설명이지만,
이 운동의 인구통계학적 측면은 점령자의 전형적인 모습
을 단적으로 보여준다. 전형적인 점령자는 일류 대학에서

교육을 받고 학자금 대출과 신용카드 빚이 있는, 하향 이동하는 젊은 백인 남성이었다. 월스트리트를 점령하라 운동에서 노동조합이 과하게 대표된 것은 노동조합에 가입한 대졸자들의 우위를 반영한 것이었다.

2016년이 되자 PMC 엘리트는 돈을 더욱 숭배하고, 평범한 사람들을 더욱 경멸하기에 이르렀다. 버락 오바마를 계승한 힐러리 클린턴은 PMC와 민주당 권력 엘리트의 화신이었다. 힐러리 클린턴 시절의 민주당은 노동 계급의 이익엔 이제 신경 쓰지 않았는데, 이는 그의 남편이 남부 백인 스타일임에도 이미 도외시했던 것이다. 권력 행사는 자본주의를 보호할 뿐이어서, 이 나라에서 최고 관직에 출마하는 후보자들을 다양하고 기부자들과 친화적인 사람들로 공들여 가꾼 진용을 갖추었다. 월스트리트와 실리콘밸리의 기부자들이 환영을 받았다. 힐러리 좌측에서는 버니 샌더스 버몬트주 상원의원을 제외하고는 누구도 그의 출마에 도전할 엄두를 내지 못했다. 힐러리는 PMC 엘리트들이 꿈꾸는 후보였는데, 이는 한때 노동 계급의 이익을 대변해 다루기 힘들었던 민주당을 이 계급이 완전히 장악했다는 신호였다. 힐러리는 자칭 낙승이 예상되는 전무후무한 자격을 갖춘 대통령 후보였고, 월스트리트와 지배 계급을 사랑하는 여성이었고, 여자들에게 **걸 보스**(girl boss: 야심차고 성공적인 여자를 일컫는 신조어—옮긴이)가 되라고 부추기고 싶어 하는 저돌적인 유사 페미니스트(pseudo-feminist)였다. 힐러리의 패배는 중도파 지배에 일격을 날린 것뿐만은 아니었다. 그것은 간단히 말해, PMC의 위신을 거부하는 분노였다. 우파 포퓰리즘의 부상으로 인해 정치평론가들은 선거를 계급 구성의 관점에서 다루어야 했다. 이에 그들은 미국을 분열시키는, 그래서 그런 식으로 이해할 필요가 있는 지리적 차이와 문화적 차이로 계급 구성을 변형시켰다.

1990년대부터 초월적 반(反)전문주의는 PMC 엘리트 전위대의 아편이 되었다. 앤절라 네이글(Angela Nagle)의 《보통 사람들 모두 죽이기: 4Chan과 텀블러에서 트럼프와 대안 우파까지 온라인 문화 전쟁》은 이러한 문화 연구의 초월 숭배자들을 분노케 했다. (위의 책 제목에서 4Chan은 미국의 극우 성향 사이트, 텀블러는 미국의 SNS 사이트를 말한다—옮긴이.) 네이글은 소칼처럼 구좌파(Old Left) 지지자이지만, 소칼과 달리 융합 전공 분야의 종신직 교수가 아니었다. 네이글은 소칼이 풍자한 따위의 것들을 쓰는 학자들에게 배척

당했다. 자유주의적 학자들은 자신들이 사랑하는 하위문화의 내부 지식을 특히 비전임 후배 교수가 문제 삼거나 비판하는 것을 참을 수 없었다.[13] 자신의 업적에 비판적인 네이글의 책이 출판되자, 맥길 대학교(McGill University)에서 과학·기술 문해력(Scientific and Technological Literacy)을 가르치는 울프 석좌교수(Wolf Chair) 개브리엘라 콜먼(Gabriella Coleman)은 이 아일랜드 학자를 블랙리스트에 올리고 강단에서 배제하는 일에 지치지도 않고 몰두했다. 비전임 교수로 그리고 언론인으로 학계 주변부에서 수년간 일한 네이글은 수상 경력이 있는 민속지학자 콜먼과 비교하면 제도적 권력이나 입지가 거의 없었다. 네이글은 콜먼의 《해커, 날조자, 내부 고발자, 스파이: 익명 속에 숨은 많은 얼굴》(2014)이 경계 넘기에 대한 학계의 열성적인 포용이자 보통 사람에 대한 적의를 대표하는 하나의 사례라고 설명했다. 네이글은 콜먼이 민속지학의 연구 대상인—AT&T 해킹으

---

13 Angela Nagle, *Kill All Normies: On Line Culture Wars from 4Chan and Tumblr to Trump and the Alt-Right* (London: Zero Books, 2017).

로 2012년 유죄 선고를 받은— 위브(weev)라고도 알려진 앤드루 오런하이머(Andrew Aurenheimer) 같은 인터넷 선동가들과 거리를 두지 못했다고 주장했다. 콜먼은 소칼이 풍자한 종류의 경계 넘기를 좋아하고, 그의 책은 온라인 마이크로 셀럽(online microceleb)과의 관계를 설명하는 것으로 넘쳐난다.[14] 위브가 반(反)유대주의사에 네오나지(neo-Nazi)이고 극우 웹사이트 데일리 스토머(Daily Stormer)의 웹 마스터로 밝혀져도 콜먼은 동요하지 않는다. 콜먼과 달리 네이글은 좌파는 오런하이머 같은 사람들의 하위문화적 경계 넘기와 묘기가 아니라 계급 투쟁의 규범력을 포용해야 한다고 주장했다. 네이글은 하위문화에 열광하는 정치 대신 노동 계급에 토대를 둔 대중의 연합과 운동을 믿으며, 하위문화에 열광하는 정치는 미래의 장기(長期) 투쟁에 필요한 연대를 훼손한다고 본다. 하지만 패러디, 시민적 반대, 이성적 토론, 모순, 논쟁은 세상을 부유하는 기표와 들뢰즈식 탈주선을 찬양하며 경계를 넘는 기회로 보는 사람들에

---

14   Gabriella Coleman, *Hacker, Hoaxer, Whistleblower, Spy: The Many Faces of Anonymous* (London: Verso, 2014).

게는 무용지물이다.

사실, 소칼과 네이글의 비판 대상인 '규범' 위반에 대한 학계의 열광은 미디어의 주목을 받기 위한 '진보적' PMC 엘리트의 전략이 되었다. 반노동자적·반학문적 자유 의제를 고취하는 데 지치지도 않는 민간 재단들의 지원을 받아 오늘날의 학문 기업가는 자신들의 의제를 심화시키려 사회적 명분을 사용하고 있다. 적어도 인문학과 사회과학 분야의 학문 연구는 지배 계급의 의제로 교묘하게 그 모습이 갖추어지고 있다. 때로는 거부들이 직접 또는 그 거부들이 기부하는 민간 재단 그리고 미디어에서 준(準)학술적 지위에 있는 자유주의 성향의 피고용인들이 의제를 설정한다. 이러한 전문가와 기회주의자들이 학문의 자유나 직업의 자율성을 잠식하고 있는데, 그들이 자기가 수행하는 역할을 이해하고 있는지조차 불분명하다.

1619 프로젝트(1619 Project: 미국 역사에서 전통적으로 존경받는 인물과 사건에 대해 비판적 시각을 취하는 장편 저널리즘 기획—옮긴이)를 인종과 노예제 그리고 미국 역사의 교육과 틀짜기에 대한 국가적 논쟁의 중심으로 끌어올리는 데—한때 잘 알려지지 않았던—민간 재단인 퓰리처 센터(Pulitzer

Center)가 수행한 역할을 예로 들어보자. 퓰리처 센터는 "모든 미디어 플랫폼에서 수준 높은 저널리즘을 직접 지원하고 교육과 공공 봉사 특별 프로그램을 통해 잘 보도되지 않는 글로벌 이슈에 대한 경각심을 제고한다"고 자처한다. 퓰리처 센터의 가장 왕성한 기부자는 에밀리 라우 퓰리처(Emily Rauh Pulitzer)와 에밀리 라우 퓰리처 재단(Emily Rauh Pulitzer Foundation)이다. 언론인 조지프 퓰리처(Joseph Pulitzer)의 미망인 라우 퓰리처는 예술 분야의 주요 기부자이기도 하다.

퓰리처 센터는 2019년 〈뉴욕 타임스 매거진〉과 협력해 니콜 해나존스(Nikole Hannah-Jones) 기자가 주도하는 1619 프로젝트를 개시했다. 이 프로젝트는 미국 식민지 최초의 노예 도착 400주년을 기념하기 위해 시작되었는데, 프로젝트 협력자들에게는 이때가 미국의 진정한 탄생일이었다. 1619 프로젝트는 2019년 8월에 〈뉴욕 타임스 매거진〉 사업의 일부로 포함되면서 미디어에 상당한 파문을 일으켰다. 프로젝트가 실린 일요일판 〈타임스〉는 순식간에 팔려나갔다. 1619 프로젝트는 미국 혁명을 영국의 노예 폐지론에 반대하는 노예 소유주들의 반란으로 보고 역사를 다시 쓴다. 그리고 미국은 노예제를 옹호하기 위해 수립된 최초의 그리고 가장 중요한 나라로 이해되어야 한다고 주장한다. 군주국 영국이 1776년 이전에는 대서양 횡단 노예무역에 반대하는 입장을 취하지 않았고 식민주의자들 역시 이 문제와 관련해 의견이 갈렸다는 역사적 증거에도 불구하고, 해나존스는 일군의 저자와 학자 그리고 기자들을 동원해 미국이 희망도 없고 이례적으로 인종차별주의적인 국가라는 시각을 조장하기 위해 식민지 미국에 대한 역사학자들의 업적을 일축한다.

〈소셜 텍스트〉의 편집자들과 그 동료들이 20년 전 과학과 수학 공동체의 규범을 기꺼이 위반했던 것처럼 1619 프로젝트는 역사 연구의 규범을 거부한다. 하지만 1619 프로젝트의 경우 〈뉴욕 타임스〉는 소규모 학술지가 아니다. 민간 재단을 통해 프로젝트를 지원하는 강력한 세력인 자금 제공자와 기부자를 화나게 만드는 게 두려워 프로젝트의 결론을 둘러싼 논쟁에 어두운 그림자를 드리웠다. 그 프로젝트의 저자들은 모든 비판을 거부하면서 자신들의 결론이 역사학자들의 학문 공동체에서 정리한 연구 합의와 기록 증거에 의존하지 않는다고 믿는다. 니콜 해나존스는 새로 얻은 영향력과 엄청난 독자를 활용해 식민지 미국을 연구해온 기존의 학문을 단지 백인 남성들의 고도로 편향된 작업으로 앞장서 일축했다. 신중하고 경험적인 연구에 일생을 바치더라도 세계에서 가장 큰 미디어 기업 가운데 하나가 뒷받침하는 대규모 재단의 돈에는 상대가 되지 않았다.

1619 프로젝트를 장려하고 미국 역사와 역사 연구 자체를 이해하는 방식을 바꾸려는 과감한 시도 뒤에는 강력한 금융과 미디어의 이해관계가 있는 게 분명하다. 그 프로젝트는 무엇보다도 미국 역사 교육과 서술에서 역사적 유물론을 제거하려는 대담한 시도이면서, 또한 미국 노동 계급의 연대 가능성을 파괴한다. 사회주의 역사학자들은 '세계 사회주의 웹사이트(World Socialist Web Site, WSWS. org)'에서 그 프로젝트를 가장 확고하고 기민하게 비판했지만, 그들의 작업은 재단과 미디어 엘리트들의 조밀하게 얽힌 연결망으로부터 지지와 자금을 받지 못하고 있다.[15] 그

---

15   1619 프로젝트와 그 프로젝트가 야기한 반응의 개관에 대해서는 다음을 참조. https://www.nytimes.com/interactive/2019/08/14/magazine/1619-

프로젝트는 독자들에게 노동 계급 연대는 불가능하다는 교묘하면서도 명확한 교훈을 심어주길 원한다. 세계 사회주의 웹사이트는 또한 〈뉴욕 타임스〉와 해나존스가 미국의 '진정한 건국 순간'은 1619년이라는 그들의 초기 주장을 역사학자들의 압력으로 재빨리 포기했다는 사실을 알린 몇 안 되는 미디어 매체 중 하나다. 그들은 주장을 철회하거나 정정 보도를 하는 대신 그 프로젝트 웹사이트에서 자신들의 명제를 완화해 프로젝트의 목표가 미국인의 정체성과 서사 속 국민과 관련해 흑인 미국인의 기여와 노예제에 집중하는 것이라고 강변했다.[16] 과장된 초기 주장의 흔적은 1619 프로젝트 웹사이트에 남아 있지 않지만, 세계 사회주의 웹사이트의 연구자들은 미국 건국에 대해 원래 1619 프

---

america-slavery.html; https://www.theatlantic.com/ideas/archive/2020/01/1619-project-new-york-times-wilentz/605152/; https://www.wsws.org/en/articles/2019/09/06/1619-s06.html?mod=article_inline.

16   Tom Mackaman and David North, "The New York Times and Nikole Hannah-Jones Abandon Key Claims of the 1619 Project," World Socialist Website, September 22, 2020, https://www.wsws.org/en/articles/2020/09/22/1619-s22.html.

로젝트가 내걸었던 명제의 사본을 확보하고 있다.

　　그처럼 힘 있고 부유한 기부자와 조직들이 그러한 역사적 프로젝트에, 특히 널리 존경받는 역사학자들의 강력한 논박을 초래한 프로젝트에 그렇게 몰두한 이유를 묻는 사람은 거의 없다. 1619 프로젝트는 미국 노예제 역사의 특이함과 인종에 초점을 맞추면서도 그 노예제에 비교할 만한 다른 형태의 착취, 즉 전근대에 자행된 두 가지 사례인 동산 노예제(chattel slavery, 動産奴隷制: 노예를 주인의 재산으로 여기는 제도—옮긴이)와 농노제 그리고 또 다른 사례인 산업자본주의의 임금 노예제를 가능케 한 역사적이고 경제적인 조건들을 무시한다. 그렇게 하면서 우리 시대의 소중한 자유주의적 구호를 외친다. 노동 계급의 인종 간 연대는 불가능할 뿐이니, 보편적 자본주의 비판을 제기할 시도조차 하지 않는 게 낫다는 것이다. 1619 프로젝트를 이끄는 이론가들은 미국에서 사회적·경제적 핵심적인 균열을 초래한 것은 계급이 아니라 인종이라고 주장한다. 인종차별주의가 우리의 국가적 특성에 기록된 역사를 초월한 사실이라고 주장하는 것이다.

　　이는 전후(戰後) 민간 재단이 후원하는 이데올로기로

조성된 미국의 다원주의 이야기와 멋지게 어울리는 관점이다. 다원주의 관점에 따르면 아프리카계 미국인은 독자적이고 강력한 이익 집단으로, 그들의 독특한 역사 때문에 스스로를 대변해야 하고, 유난히 가혹했던 미국 노예제하에서 그들이 겪었던 특이한 고통에 대한 배상을 옹호해야 한다. 따라서 자신들과 완전히 일치할 수 없는 경험을 가진 다른 노동자들과 연대해 노동조합에 가입할 필요가 없다. 다른 '집단들', 즉 히스패닉, 라티노, 아시아계 미국인, 원주민 미국인 등은 자신들의 특수한 이익을 각자 옹호할 수 있다. 그들은 자신의 역사적 특이성에 대한 경쟁적인 해석을 내세워, 자신들의 명분을 홍보하는 데 도움을 줄 강력한 기부자를 찾을 필요가 있을 뿐이다.

1970년대 초에 탈제조업 및 긴축 정책이 미국에서 계급 전쟁의 수단으로 완성되고 있던 그때, 조너선 콥(Jonathan Cobb)과 리처드 세넷(Richard Sennett)은 그들의 책 《계급의 숨겨진 상처》를 쓰기 위해 미화원 리카 카르티데스(Ricca Kartides, 가명)를 인터뷰했다. 이 젊은 사회학자들은 카르티데스가 미화원으로 일하면서 자신의 직업과 낮은 사회적 신분 때문에 매일 모욕감을 느낀다는 걸 발견했다. 하지만 그는 자녀들이 자기가 청소하는 건물에 살지 않도록 자신의 봉급만으로 집을 살 수 있었다. 카르티데스가 집을 구입하고 자신의 임금으로 가족을 부양하는 능력은 오늘날에는 상상도 할 수 없는 일이다.[17] 현재 평균적인 미화원은 1년에 2만 4000달러를 버는데, 1년에 1400만 달러를 버는 평균적인 CEO와 외관상 또는 형식상 평등하다. 그러나 이러한 평등은 자본주의와 자유민주주의가 노동 계급에게 날리는 잔인한 농담처럼 보인다.

평균 수입과 관련해 미화원과 CEO의 근본적이고 물질적인 차이는 자본가가 아닌 모든 사람에게 참을 수 없는 일이다. 하지만 PMC 엘리트들은 능력주의의 가치를 너무나 깊이 내면화해 이러한 소득 차이의 근본적 성격이 다른 모든 종류의 차이와 본질적으로 다르다는 걸 알지 못한다. 사회적·경제적 계층화가 전 세계적으로 심화되면서 일련

---

17   Richard Sennett and Jonathan Cobb, *The Hidden Injuries of Class* (New York: W. W. Norton, 1972).

의 정치적 위기와 충격을 초래해 과거 50년간 신자유주의적 긴축 재정 정책을 장려해온 중도파 정부들을 뒤흔들었다. 이처럼 불안정해진 정치체와 현재 진행형인 정치적·경제적 위기에 직면해 새로워진 좌파라면 대중 정치의 요구를 담은 문화 프로그램과 정치 비판을 내놓아야 한다. 만약 좌파가 과거에 대한 더 뛰어나고 역사적으로 더 근거 있는 설명, 즉 평등과 존엄과 해방이라는 보편적 원칙을 위한 역사적 투쟁의 맥락 속에 현대의 계급 및 문화 갈등을 위치시키는 설명을 내놓길 거부한다면, 자유주의자들은 우리를 위해 그 일을 하지 않을 것이다. 자유주의자들은 역사를 내버렸다. 자신들이 과거의 엘리트보다 그리고 동시에 현대의 노동 계급보다 우월하다고 믿어야 하기 때문이다. PMC 구성원들은 자신들이 역사적 형태와 조건 위에 부유하면서 경계를 넘고 존재와 관점의 새로운 방식을 창조하는 미덕을 갖춘 전위대라고 믿는다. 그들과 논쟁하기는 어렵다. 왜냐하면 그들은 논쟁을 지식 발전의 의미 있는 형태로 받아들이지 않기 때문이다. 그들에게는 모든 갈등이 도덕적 문제이지, 지적이거나 정치적 문제가 아니다. 소칼은 인문학에서 미국화한 몰역사적 탈구조주의 연구 노선의 확산을 막지 못했다. 네이글은 경계 넘기의 개념을 재정의했지만 학계에서 추방당했다. 나는 오늘날 학계의 지배적 경향을 비판하는 내 능력에 대해 환상을 품고 있지 않다. 그러나 반역사적인, 내 분야에서 반물질주의적이고 반전문적인 활동의 기회주의적 모습을 비판하는 걸 멈추지 않을 것이다.

전문·관리 계급과 자녀

임신하는 바로 그 순간부터—전문·관리 계급, 곧 PMC에
게는 임신도 항상 하나의 선택'이지만—미래의 아이는 최
적화·최대화되어야 하는 '잠재력'을 보유한다. PMC 엄마
는 임신한 자궁 내로 모차르트 음악이 흐르도록 설정하는
한편, 산전 요가를 한다. 출산을 준비하는 일은 오늘날의
엘리트들에게 괴롭고 값비싼 걱정거리의 시작일 뿐이다.[1]

---

1   Paula Fass, *The End of American Childhood: A History of Par-
enting from Life on the Frontier to the Managed Child* (Princeton, N.J.:
Princeton University Press, 2016), 222-223.

PMC 사람들은 출산에 대해 공포와 전율을 동시에 느낀다. 왜냐하면 아이들은 경쟁에 대한 사회적 우려를 증폭시킬 수밖에 없기 때문이다. 폴라 패스(Paula Fass)에 따르면, 두려움은 현대 중산층 육아의 독특한 측면 가운데 하나여서 중산층 부모는 "성공하지 못한 아이가 미래에 마주하게 될 것을 상상한다".[2] PMC의 일하는 부모는 전업 고용 도우미를 두고서도 유아 교육과 적절한 자극에 대해 스트레스를 받는 한편, 중상층의 소비 습관을 유지하게 하는 맞벌이 봉급은 하락한다.[3] 아이는 민감한 존재로 악명 높고, 의존적이면서 쾌락적이다. 아이의 무기력과 쾌락 충동은 미국 엘리트들의 청교도주의에 대한 실존적 위협이다. 그래서 아이가 성공적인 어른으로 성장하도록 관리하는 일이 PMC 육아의 에토스를 지배한다고 해도 놀라운 일이 아니다. 그들이 볼 때, 혼외 임신한 40퍼센트의 미국 어린이와 중상

---

2   Fass, 222.

3   Elizabeth Warren and Amalia Warren Tyagi, *The Two Income Trap: Why Middle Class Families Are (Still) Going Broke* (New York: Basic Books, 2016).

층은 집단적 주목이나 공적인 관심을 받을 자격이 없다. 어린이 돌봄과 어린이 건강 그리고 어린이 교육에서 가장 극적이고 극단적인 방식으로 진행되는 계급 특권의 재생산에 대해 알기 위해 사회주의자가 될 필요는 없다.

주디스 워너(Judith Warner)는 베스트셀러 《엄마는 미친 짓이다》에서 현대 중상층 모성의 괴롭고도 경쟁적인 완벽주의를 비난한다.[4] 이 책을 출간한 2004년 이래 워너가 묘사한 불안은 심화되기만 했다. 메건 에릭슨(Megan Erickson)은 "2008~2009년의 금융 위기로 최상위 임금을 받는 사람들과 그 아래 모든 사람의 계급 전쟁이 악화하기만 했고, 이 나라의 상위 1퍼센트 소득자 내에서도 계층화가 진행되는 것을 고려하면" 이런 불안과 두려움이 부당한 것은 아니라고 주장한다.[5] 육아 열풍은 미국의 최고 부자 동네에서 인기 상품이 되었다. 완벽주의적인 PMC 부모들은 성전(聖

---

4   Judith Warner, *Perfect Madness: Motherhood in the Age of Anxiety* (New York: Penguin, 2004) 〔임경현 옮김, 《엄마는 미친 짓이다》, 프리즘하우스, 2005〕.

5   Megan Erickson Kilpatrick, *Class War: The Privatization of Child-hood* (London: Verso, 2015).

戰)에 나서는 계급 진영의 선구자들이다. 그들은 백신, 텔레비전 시청 시간, 간지럼 태우기, 얼굴 있는 인형, 컴퓨터 게임, 담배 모양 사탕 또는 설탕의 일반적인 끔찍한 효과에 대해 유모, 보모, 교사, 할머니 그리고 다른 부모들을 주저 없이 모욕할 것이다. 코로나19가 닥치자 사립 학교에 다니는 미국의 최고 부유층 아이들은 전업 개인 가정교사를 두고 줌이나 대면으로 하는 소규모 수업을 하면서 위험을 줄이고 자극과 교육을 극대화했다.

1900년경에 부상하기 시작한 PMC는 공공 정책의 관점에서 어린이 복지에 관심을 갖게 되었다. 주디스 실랜더(Judith Sealander)가 언급하듯이 사회 개혁 운동은 사회적 병폐를 교정하는 데, 특히 어린이 돌봄과 모성 보건이 문제가 되었을 때는 정부 역할을 강력하게 촉구했다. 그러나 20세기가 막을 내리면서, PMC 엘리트는 완전히 신자유주의자로 변모해서 '큰 정부'와 정부를 무력화시킨다고 하는 '시혜'를 비난하는 우파에 동조했다.[6] 1996년 빌 클린턴

---

6   Judith Sealander, *The Failed Century of the Child: Governing America's Young in the Twentieth Century* (Cambridge: Cambridge

의 '개인책임 및 노동기회조정법(Personal Responsibility and Work Opportunity Act)', 즉 복지 개혁은 이 나라의 청년과 가난한 이들 그리고 가장 취약한 이들에 대한 무자비한 전쟁의 서막이었다. 복지 수급 자격을 얻기 위해 가난한 미국의 어머니는 일자리를 구하고 그걸 지켜내야 했다. 심지어 빈약한 봉급으로는 아이 돌봄을 제공할 수 없더라도 그래야 했다. 긴축과 '개인 책임'은 풍요로운 사회에서 최소한의 것만 가진 사람들을 괴롭히기 위해 혜택을 삭감하는 긴축 정책을 만들어낸 족쇄였다. 미국에서는 부자를 위한 감세에는 언제나 충분한 재원이 있지만, 어린이와 어린이 돌보미를 위한 사회 프로그램에는 충분한 재원이 절대로 없다. 어린이 복지 문제와 관련해 PMC 엘리트는 전체 경제 활동으로 생성된 사회적 잉여, 즉 잉여 가치를 소수의 부자 아이들이 누려야 한다고 믿는 반면, 대다수 노동 계급과 노동 빈곤층 아이들 그리고 어린이 돌보미들은 처벌과 감시와 인색한 보상의 삶에 빠져 있다.

베이비부머 세대가 첫걸음마를 뗐던 1945년에 처음

University Press, 2003).

출간되어 지속적인 베스트셀러가 된 《스포크 박사의 육아전서》에서 벤저민 스포크(Benjamin Spock)는 불안해하는 전후(戰後) 부모들에게 자기 자신을 믿고 아기를 맡으라고 충고했다.[7] 스포크 박사는 제2차 세계대전 후의 미국에서 가장 영향력 있는 육아 전문가 중 한 사람으로, 쾌락과 투사에 대한 정신분석학 개념을 대중화하면서 새로운 PMC의 정체성 형성에 결정적 역할을 했다. 스포크는 유아 훈육에 대한 전통적 사고에 반대하며, 젊고 새롭게 번성하는 블루칼라와 화이트칼라 부모에게 자기 자신을 믿고 아이를 맡으라고 말했다. 스포크는 부모들에게 유행에 따른 육아 조언을 경계하라고 했지만, 정작 그의 조언은 인기를 얻은 책속에 포장되었고, 그 책은 미국에서 20세기에 《성경》 다음으로 많이 팔릴 만큼 찬사를 받았다. 스포크 박사는 또한 기탄없이 베트남 전쟁을 반대하는 등 적극적으로 활동하는 신좌파 운동가였다. 보수주의자들은 그가 반(反)문화적 반

---

7   Benjamin Spock, *Dr. Spock's Baby and Childcare*, 9th ed. (New York: Pocket Books, 2011) 〔김효규 옮김, 《스포크 박사의 육아전서》, 정음문화사, 1988〕.

란을 조장하고 청년들을 제멋대로 행동하는 반항아가 되도록 선동했다고 비난했다. 스포크 박사의 책을 읽은 부모들이 청년들을 유아일 때 엄격하게 훈육하지 않았기 때문이라는 것이었다. 하지만 그의 조언은 역설적인 어조를 띠었고, 자기 계발 서적을 읽는 독자들에게는 익숙한 내용이었다. 스포크 박사는 독자들에게 **그들은** 이미 충분히 알고 있는 사람들이라는 걸 끊임없이 환기시켰다. "당신은 책과 기사들을 읽을 수 있지만, 당신이 배울 수 있는 중요한 방법은 의미 있는 방식으로 잘 관찰하는 것이다. 이는 당신의 아이를 지켜보고 귀를 기울이며 시간을 보내라는 의미이지, 단지 아이를 먹이고 깨끗이 씻기라는 것만은 아니다. …… 그래서 당신 자신을 믿으라는 것이다. 당신은 당신이 아는 것보다 더 많이 **알고** 있기 때문이다."[8]

1970년대에 신진 PMC 베이비부머들은 '동양' 종교에 발을 들이고, 전통보다 자기 탐구를 중시하고, 감정적·성적 실험을 추구했다. 그러면서 노동 계급을 평생 결혼

---

8 Benjamin Spock, *Dr. Spock's "The First Two Years"* (New York: Pocket Books, 2001).

생활에 얽매이고 전통적인 양부모 가정에서 사는, 현실과 동떨어진 권위주의자로 여겼다. 수십 년간 이어져온 긴축 정책 후에 오늘날 노동 계급의 가족과 친족 연결망은 한계에 이르렀다. 제퍼슨 코위(Jefferson Cowie)와 제니퍼 실바(Jennifer Silva)에 따르면, 오늘날의 노동 계급 미국인은 PMC 미국인보다 가족적으로 더 불안정한 삶을 살며 이혼과 편부모 사례도 더 많다.[9] PMC 사람들은 결혼하고, 그 결혼생활을 유지할 가능성이 훨씬 더 높다. 그들은 자신의 계급 밖에서 배우자를 찾는 일이 좀처럼 없다. PMC 가족은 계급적 특권을 재생산하는 진정한 요새가 되었다. 그러나 인색한 육아 휴가 정책, 의료비 증가, 임금 압축, 고등 교육 비용의 폭등으로 인해 PMC 가족은 가장 '성공적인' 자녀를 키우는 데 실패할 가능성 때문에 괴로움과 위협을 느낀다. 코로나19 시기에 이런 불안은 없어지지 않았고,

---

9   Jefferson Cowie, *Stayin' Alive: The 1970s and the Last Days of the Working Class* (New York: New Press, 2010); Jennifer Silva, *Coming Up Short: Working Class Adulthood in an Age of Uncertainty* (Oxford: Oxford University Press, 2013).

오히려 더 심해졌다.

2014년 예일 대학교 로스쿨 교수 에이미 추아(Amy Chua)와 제드 러벤펠드(Jed Rubenfeld)는 《트리플 패키지》를 출판해 마르크스가 옳다는 걸 입증했는데, 그것은 전적으로 저자들의 '물질적 생활 조건'에 의해 규정된 책이었다.[10] 딸의 어린 시절과 그 시절의 활동을 최적화하려는 추아의 육아 노력 기억을 베스트셀러로 만든 2011년의 《타이거 마더》가 엄청난 성공을 거둔 후, 추아의 출판 에이전트 티나 베넷(Tina Bennett)은 후속 저서가 첫 번째 책처럼 불티나게 팔리길 분명 기대했을 것이다.[11] 추아의 이 베스트셀러는 짜증나지만 아주 재미있는 읽을거리였다. 〈월스트리트 저널〉이 '중국 엄마는 왜 우월한가'라는 제목으로 《타이거 마더》의 한 부분을 발췌하자, 호랑이 엄마 브랜드는 상종

---

10   Amy Chua and Jed Rubenfeld, *The Triple Package: How Three Unlikely Traits Explain the Rise and Fall of Cultural Groups in America* (New York: Penguin, 2014) 〔이영아 옮김, 《트리플 패키지》, 와이즈베리, 2014〕.

11   Amy Chua, *Battle Hymn of the Tiger Mother* (New York: Penguin, 2011) 〔황소연 옮김, 《타이거 마더》, 민음사, 2011〕.

가를 쳤다.[12] 추아가 그 책과 제목이 자기 비하적이고 자기 성찰적이라고 반복적으로 항변했지만, 독자들은 그 회고록을 육아의 길잡이로 삼았다.

추아와 러벤펠드 부부는 성공적인 '문화 집단'은 세 가지 패키지가 있다고 완벽하게 한목소리로 주장했는데, (1) 우월감 (2) 열등감 그리고 잠깐만, (3) 뛰어난 충동 조절이 그것이다. 어쩌다 아프리카계 미국인이나 멕시코계 미국인이 되었거나 또는 그냥 가난에 빠진 사람들한테 결여되어 있다고 잘 (그리고 잘못) 알려진 이 마지막 자질은 만족을 미루지 못하는 집단이 왜 '성공'하지 못하는지를 설명한다. 많은 미국인이 겪는 뿌리 깊은 궁핍의 이유를 대려고 잊을 만하면 입에 올리는 사회진화주의에 물든, 빈곤의 문화(culture-of-poverty)라는 주장을 추아와 러벤펠드는 재포장해서 제시한다. 2명의 예일 대학교 로스쿨 교수(한 명은 지금 명예가 실추되었다)에 따르면, 미국에서 성공한 사람은 누

---

12   Amy Chua, "Why Chinese Mothers Are Superior," *Wall Street Journal*, January 8, 2011, https://www.wsj.com/articles/SB100014240527 48704111504576059713528698754.

구인가? 물론, 좁은 범위의 부유한 능력주의자들이다. 추아와 러벤펠드의 미국에는 정치도, 계급도, 사회도, 집단의 노력도, 사회적 책임도 없다. 다만, 명성과 사업 분야에서 우위를 차지하려고 경쟁하는 '문화 집단'만 있을 뿐이다. 그들이 생각하기에 더 나은 세상은 '집단'이라는 개념 자체를 폐기하는 것이다. 성공한 개인과 성공하지 못한 개인이 모두 소위 평평하다는 운동장에서 경쟁할 때 미국은 더 나은 곳이 될 것이다.

외견상의 직업적 '성공'에도 불구하고 러벤펠드는 충동 조절이 비참할 정도로 결여되어 있다는 걸 스스로 증명했다. 러벤펠드는 2020년 8월 여학생들에 대해 약탈적이고 괴롭히는 행위를 비롯한 성적 부정행위로 예일 대학교 로스쿨에서 조용히 직무가 정지되었다.[13] 최근 예일 대학교 로스쿨 학생들은 그의 영구 제명을 요구했다. 일단의 학생들은 피터 샐러비(Peter Salovey) 예일 대학교 총장에게 러벤

---

13   Mihir Zaveri, "Yale Law Professor Is Suspended after Sexual Harassment Inquiry," *New York Times*, August 24, 2020, https://www.nytimes.com/2020/08/26/nyregion/jed-rubenfeld-yale.html.

펠드를 교수직에서 영구 제명할 것을 청원하고 있다.[14]

부자와 빈자의 격차가 커짐에 따라 사회 이동이 모든 인종과 종족 집단에서 감소하면서, PMC 가정은 이제 어떤 비용을 치르더라도 자기 자녀의 성공을 도우려고 노골적인 뇌물과 교묘한 속임수 전략을 비롯해 갈수록 화려해지는 고가의 어린이 돌봄 장비와 육아 기법의 실험실이 되었다. 부자와 초부자 부모들이 자기 자녀를 운동선수 입학이라는 '옆문'으로 대학에 들여보내기 위해 대학 입학 카운슬러 릭 싱어(Rick Singer)에게 수십만 달러를 지불한 것으로 밝혀진 바시티 블루스(Varsity Blues) 사건은 자기 자녀들의 '성공'을 보장하려고 지배 계급이 내린 결단의 논리적 결과일 뿐이다.[15]

14　Julia Brown, "Law Students Demand Rubenfeld's Permanent Removal, Greater Transparency," *Yale Daily News*, October 12, 2020, https://yaledailynews.com/blog/2020/10/12/law-students-demand-rubenfelds-permanent-removal-greater-transparency/.

15　대학 입학 카운슬러 릭 싱어가 포함된 바시티 블루스 사건에는 배우, 상속녀, 산업계 거물들이 가담했는데, 그들은 모두 자신보다 그다지 성공적

위로부터의 계급 전쟁은 미국의 모든 어린이와 어린이 돌보미들에게 처참한 결과를 가져왔지만, 가장 가난한 가족들에게 닥친 대가는 끔찍하다. 도시연구소(Urban Institute)는 최근 어린이가 미국 사회에서 가장 가난한 집단이라고 밝혔다. 그에 따르면 미국 어린이 22퍼센트가 가난하게 살고 있으며, 38.8퍼센트는 어떤 형태로든 빈곤을 경험했다. 아프리카계 미국 어린이의 경우는 훨씬 더 암울해서 38.8퍼센트가 가난하게 살고 있으며, 75.4퍼센트는 가난을 경험한 적이 있다.[16]

PMC의 육아 서적이 엘리트 부모가 자기 자녀의 '성공'을 보장하기 위해 사용하는 예외적인 수단들을 장려하는 반면, 위니콧(D. W. Winnicott)은 **보통** 어머니들에게 찬사

이지 못한 자손들의 입학을 얻어내려고 그에게 돈을 주고 시험 결과와 경기 기록을 조작했다. 이 대학 입학 스캔들의 간략한 요약을 보려면 다음을 참조. https://www.nytimes.com/2019/03/12/us/college-admissions-cheating-scandal.html.

16   Caroline Ratcliffe, *Child Poverty and Adult Success* (Washington, D.C.: Urban Institute, September 2015), https://www.urban.org/sites/default/files/publication/65766/2000369-Child-Poverty-and-Adult-Success.pdf.

를 보냈다. 놀이와 창조성 그리고 풍부한 경험을 즐길 수 있는 정신 건강을 인류의 압도적 다수에게 건네는 방식으로 자기 자녀와 밀착하는 헌신적인 어머니가 그들이다. 위니콧은 돌보미에 대해 확장적이고 젠더 중립적인 사고를 가졌다. 하지만 간략한 설명을 위해 그의 사고 중에 '충분히 좋은 어머니'라는 용어를 살펴보자.[17] 육아를 배우면서 '충분히 좋은 어머니'는 아기를 사랑하지만 아기의 필요에는 불완전하게 반응한다. 충분히 좋지만 완전하지 않은 돌보미는 때로는 아기의 요구에 즉각 반응하지 못해 생기는 좌절을 견디며 아기의 성장하는 육체적·정서적 능력에 적응하기 시작한다. 이런 필연적인 실패는 다른 일에 몰두하는 어머니의 모습을 반영하고, 아기가 좌절을 건강하게 이겨내는 것은 물론 자신과 타인에 대한 초기 인식을 확립하는 기회를 상징한다.

1964년 출간한 《어린이, 가족, 외부 세계》의 서론에

---

17   D. W. Winnicott, *Playing and Reality* (New York: Basic Books, 1971). 다음도 참조. Winnicott, "Transitional Objects and Transitional Phenomena," *International Journal of Psychoanalysis* 34 (1953): 89-97.

서 위니콧은 다음과 같이 말한다.

나는 평범한 좋은 어머니가 남편의 지원을 받아 애초부터
하는, 그리고 유아에 그냥 헌신함으로써 하는 개인과 사회
에 대한 엄청난 기여에 주목하려고 한다. 헌신적인 어머니
의 이런 기여가 엄청나기 때문에 인정받지 못하는 것은 아
닐까? 이런 기여가 받아들여진다면 제정신을 가진 모든 사
람, 자신이 세계에서 어떤 존재라고 느끼는 모든 사람, 세
계에 어떤 의미가 있다고 생각하는 모든 사람, 행복한 모
든 사람은 각자 한 여성에게 무한한 빚을 지고 있는 셈이
다. ……모성의 역할을 이처럼 인정하는 결과는 …… 감사
도 아니고 심지어 찬사도 아닐 것이다. 그 결과는 우리 안
에서 두려움의 감소일 것이다. 만약 우리 사회가 모든 개
인의 성장 초기 단계에서 역사적 사실인 이런 의존성을 충
분히 인정하길 미룬다면 쉽고 완전한 건강의 장애물, 두려
움에서 비롯되는 장애물이 남아 있을 수밖에 없다.[18]

---

18   D. W. Winnicott, *The Child, the Family and the Outside World*
(Cambridge, Mass.: Perseus, 1984), 10.

이 글을 보면 위니콧은 유아 돌봄이 사회적·공적 선(善)이며, 모든 돌보미가 유아의 초기에 이 선에 기여한다고 믿는 게 분명하다. 돌보미는 자기에게 의존하는 유아한테 사랑을 주고 잠과 성욕을 희생하는 데 인색할 수 없다. 어린이가 불확실한 세계에서 성장하는 도전에 직면할 때, 돌보미의 관대함은 어린이에게 안전과 대담성이라는 양도할 수 없는 유산을 제공한다. 스트레스가 쌓이고 불우하다며 변제를 요구하거나 어린이가 진 빚을 계산하는 돌보미는 두려움과 불안을 주입시키는 사람이고, 이는 재정 긴축과 경제적 가학증이 만들어낸 오늘날의 세계가 너무나 잘 아는 상황이다.

아이의 풍부한 경험을 공공선으로 기꺼이 받아들이는 시대를 상상하기 어려울지 몰라도, 위니콧이 부양가족과 돌보미에게 집단적이고 상호적인 책임이 있다고 생각하며 정신분석학적 이론을 구축한 것은 기껏해야 60년 전의 일이다. 두려움의 극복에 대한 위니콧의 1964년 낙관론은 추락의 두려움과 실패의 두려움이 일반적 조건이 된 듯한 오늘날의 우리에게는 고무적이면서도 걱정스럽다. 전후 영국에서 위니콧은 사회적 잉여의 재분배를 환영했는데, 재분배로 아주 많은 영국인이 혜택받은 자기 어린 시절의 풍족함과 건강을 경험할 수 있을 것이기 때문이었다. 행복한 어린 시절 덕분에 관찰하고 공감하고 놀이하는 능력을 확장시킬 수 있었다고 위니콧은 공개적으로 인정한다. 이런 자질과 능력은 지구상의 모든 아기가 누릴 자격이 있는 인류 유산의 일부다. 위니콧은 아이 돌보미를 지원하는 것은 사회적이고 집단적인 책임이라고 항상 주장했다. 충분히 좋은 양육을 평범하게 기본적으로 지원하는 것이 충분히 좋은 국가이고, 이는 필요한 것이 가장 많고 가장 무력한 인간 존재를 돌보는 사람들을 재분배를 통해 지원하는 사회민주적 체계다. 충분히 좋은 어머니를 문화적·집단적 유산으로 그리고 사회적 선으로 소중히 여길 수 있다면, 우리는 의존을 두려워하거나 악마화하지 않는 사회를 건설하기 시작할 수 있다. 우리는 행복한 부모와 안정된 어린 시절이 집단적 선이 되고, 어떤 어린이도 '성공'에 '미세 조종'당하지 않는 세상을 건설하기 시작할 수 있다.

전문·관리 계급과 독서

2017년 1월 16일, 〈뉴욕 타임스〉는 독자들에게 트럼프 취임에 따른 충격을 대비하기 위해 가쿠타니 미치코(角谷美智子)의 버락 오바마 인물평을 실었다. '최고 독서가(reader-in-chief)' 오바마는 PMC 엘리트들의 신성한 성인이었다. 그는 물려받은 부가 없었으며, 능력주의가 찾아내 승급시킨 평민 중 평민이었다. 그는 실현된 자유주의의 꿈이었다. 만일 우리가 그를 믿는다면, 우리는 사회 이동이 인종차별주의나 불평등의 '해결책'이라고 믿을 수 있을지도 모른다.

　　오바마의 후계자 힐러리 클린턴이 2016년 선거에서 도널드 트럼프에게 졌을 때, 〈뉴욕 타임스〉 독자들에겐 위로가 필요했고, 〈뉴욕 타임스〉는 그 위로를 이렇게 전달했다. "링컨 이후로 버락 오바마만큼 독서와 글쓰기가 삶과 신념 그리고 세계관에 근본적으로 영향을 끼친 대통령은 없었다." 오바마 자신의 말에 따르면, 독서를 통해 그는 "속도를 늦추고" "다른 사람의 처지"가 되어볼 수 있었다.[1] 이는 소설 《앵무새 죽이기(To Kill a Mockingbird)》의 주인공 애티커스 핀치(Atticus Finch)의 말을 재구성한 것이다. 앨라배마주 메이콤(Maycomb)에서 대공황 시기에 발생한 사건을 다뤄 풀리처상을 받은 하퍼 리(Harper Lee)의 이 소설에서, 애티커스는 딸 진 루이스(Jean Louise)—스카우트(Scout)라는 별명으로 불린다—와 독자들에게 문학과 공감에 관해 결정적인 교훈을 가르친다. "넌 그의 관점에서 볼 때까지 …… 그의 피부 속에 들어가 그 피부로 돌아다닐 때까지 그 사람을 이해할 수 없어." 많은 자유주의적 독자들처럼 오바마에게 그런 은유적 돌아다니기는 독서 활동을 통

---

1   "Transcript: Obama on What Books Mean to Him," *New York Times*, January 16, 2017, https://www.nytimes.com/2017/01/16/books/transcript-president-obama-on-what-books-mean-to-him.html.

해 생긴다. 오바마 대통령 임기 말에 문학 작품을 읽는 것이 타인의 경험을 이해하는 우리의 능력을 얼마나 확장하는지에 대한 연구가 폭증했다. 개인적 공감 활동과 사적인 자기 수양이 있으면, 인종차별주의와 폭력으로 갈가리 찢긴 세상에 정의와 이해가 생길 거라는 걸 애티커스와 오바마는 보여주었다. 이런 서사는 자유주의자들을 안심시킨다. 애티커스는 품위가 있고 반인종차별주의자인 데다 지역 공동체에서 가장 미덕을 갖춘 사람이자 PMC 구성원이었다. 시골 변호사인 애티커스는 또한 야만적이고 인종차별적인 세상에서 윤리적 중심이 되었다.

《앵무새 죽이기》 출판 50주년인 2010년에 전미방송협회(NPR)는 하퍼 리의 책을 칭찬하면서 실속 없는 기사로 소설을 축하했다. 인터뷰 참가자 중 한 명은 오프라 윈프리(Oprah Winfrey)가 《앵무새 죽이기》를 '우리의 국민 소설'이라고 불렀다는 걸 강조했다.[2] 1970년대에 《앵무새 죽이기》는 냉전 선전에서 당혹스러운 호기심을 자아냈지만, 오바

---

2   "'Mockingbird' Moments: 'Scout, Atticus and Boo,'" NPR, https://www.npr.org/templates/story/story.php?storyId=128387104.

마 행정부에서 9학년 언어 과목의 공통 핵심 교과 과정에 들어감으로써 제2차 세계대전 후 미국 문학의 문헌과 전통에서 다시 한번 가장 중요한 위치를 차지했다. 오바마 행정부는 자유주의의 정점인 1960년대 초를 되살리길 원했지만, 단지 스타일에서만 그랬을 뿐이다. 오바마는 공교육에 새로운 연방 재원을 투자할 기회가, 특히 첫 임기 동안에 있었음에도, 그의 행정부는 1959년 발생한 동원 사태에 필적할 만한 일을 하길 꺼렸다. 1959년 당시 미국은 소련의 스푸트니크 인공위성 발사로 인해 과학 연구와 인문학 모두에 투자하는 소련을 상대해야 했다. 오바마의 공통 핵심 교과 과정은 교육을 잘 받은 대통령이 실시하는 이른바 똑똑한 학업 성취 기준인데, 이는 전임자인 조지 W. 부시가 아동낙오방지법(No Child Left Behind Act)이라는 형태로 시행한 하향 평준화한 시험 중심의 연방 교육을 개혁하려는 것이었다. 하지만 오바마의 교육 개혁은 공립 학교와 공립 대학교에 대한 대규모 재투자를 촉진하지 못했다.

다이앤 래비치(Diane Ravitch)와 메건 킬패트릭(Megan Kilpatrick)이 모두 주장했듯이 교육 개혁은 노조에 가입한 노동자와 낮은 계급의 화이트칼라 전문가들을 상대로 현재 진행 중인 전쟁의 완곡한 표현이다.[3] 교육 개혁가들은 미국 학교의 상태에 대한 대중의 공포를 조장하면서 영리 법인과 비영리 민간 재단의 지원을 받아 교사들에게 성과급과 긴축 예산으로 보상하고 징계하는 새로운 평가 제도의 도입에 착수했다. 지난 40여 년간 정치인들은 "학교가 우리 아이들을 낙제시키고 있다"며 떠들고 다녔는데, 이는 그들의 반(反)노동자 수사로서 교사들의 직업 안정성과 교실 내에서 그들의 창조적이고 지적인 자율성의 기초를 허물고 노조에 가입한 공립 학교 교사들을 공격하는 고도의 신자유주의적 전략이다. 학생들의 교육 성과를 개선하는 것은 교사에 대한 보상과 소규모 학급 그리고 적절한 재원과 직접 관련이 있지만, 클린턴과 부시 부자(父子) 그리고 오바마 행정부에서 교육 개혁은 학생 성과가 빈약할 경우 교사들을 징계하도록 고안되었다. 시카고에서 웨스트버지니아

---

3 Diane Ravitch, *The Death and Life of the Great American School System: How Testing and Choice Are Undermining Education* (New York: Basic Books, 2011); Ravitch, *Reign of Error: The Hoax of the Privatization Movement and the Danger to America's Public Schools* (New York: Vintage, 2014); Kilpatrick, *Class War*.

까지 학교 교사들의 노조 파업은 노동자들이 긴축 정책을 더 이상 감내하지 않을 것이라는 첫 신호탄이었다. 이는 우연한 일이 아니다. 최근 몇 년 사이 교사들의 파업 및 교사 공동체와 학생들에 대한 조직적 지지는 이념적 혼란기에 노동 운동에 작은 희망의 불씨를 제공했다.[4] 1980년대에 빌 클린턴이 교사 노조에 용감하게 '맞서' 전국적인 파장을 일으켰는데, 이는 보수주의자들의 환심을 사려는 중도파 정치인들이 써먹는 전술의 일부가 되었다는 점을 잊지 말자. 클린턴은 아칸소 주지사로 있을 때, 싱크 탱크 엘리트들의 말을 듣고 학교 예산은 늘리지 않은 채 교육 기준을 올리자고 제안했다. 50개 주에서 48위에 오른 아칸소주의 교육 성취도를 개선하기 위해 클린턴은 교사들에 대한 기준 평가를 시행했다. 그리고 필수 교사 시험을 입법화하는 대가로 약간의 세금 인상을 강행했다.[5] 헤리티지 재단은 학생당

---

4   Zacarhy B. Wolf, "Why Teachers Strikes Are Touching Every Part of America," CNN, February 23, 2019, https://edition.cnn.com/2019/02/23/politics/teacher-strikes-politics/index.html.

5   William E. Schmidt, "Arkansas Skills Test," *New York Times*, January 17, 1984.

전문·관리 계급에 대한 비판

5400달러 수준으로 재원을 유지하자는 아칸소주 시민들의 소송은 억제할 필요가 있는 공적 낭비의 징조라고 밝혔다.[6] 빌 클린턴은 이에 동의했다. 공교육의 상태를 두고 도덕적 공포를 유발하는 것은 자유주의자와 보수주의자 모두에게 정치적 방편이었다. 빌 클린턴은 독특한 스타일로 1968년 이후 제도화된 정체성 정치를 부유한 민주당 기부자를 공화당 기부자처럼 행복하게 만든 긴축과 예산 삭감의 열기와 결합시킬 수 있었다.

2011년 〈하버드 비즈니스 리뷰〉는 창조성, 복합성, 호기심, 협력을 장려하도록 연방 교육 과정의 개혁을 촉구했다.[7] 곧이어 당시 대통령 오바마는 소외 계층에 '관심'이 있고 예일 대학교에서 문학을 전공한 평가 '전문가' 데이

6   Gary W. Ritter, *Education Reform in Arkansas: Past and Present. Reforming Education in Arkansas: Recommendations from the Koret Task Force* (Stanford, Calif.: Hoover Institution Press, 2005), http://www.korettaskforce.org/books/arkansas/27.pdf.

7   Adam Richardson, "Where No Child Left Behind Went Wrong," *Harvard Business Review*, October 27, 2011, https://hbr.org/2011/10/where-no-child-left-behind-wen.

비드 콜먼(David Coleman)을 채용해 공통 핵심 영역에서 언어 과목 요건의 활성화를 감독하도록 했다. 오바마와 콜먼은 모든 교육 개혁가처럼 '기준 향상'에 관심을 두었다. 그렇게 하는 그들의 방식이란, '정상을 향한 레이스(Race to the Top, RTT)'라고 명명된 프로그램을 통해 학생들을 일상적으로 평가(테스트)하고 학생과 교사들에게 그에 따른 예산상의 보상과 징계를 내리는 것이었다. 교육 성취도 향상에서 '공통 핵심' 교육 과정과 '정상을 향한 레이스'가 어떤 효과가 있었든 오바마 행정부는 5세 미만의 미국 어린이 19.3퍼센트를 극단적인 빈곤 속에서 살도록 방치했다.[8]

---

8   "Child Poverty in America 2017: National Analysis," Children's Defense Fund, https://www.childrensdefense.org/wp-content/uploads/2018/09/Child-Poverty-in-America-2017-National-Fact-Sheet.pdf. 브루킹스 연구소의 최근 연구에 따르면, 빈곤하게 사는 미국 어린이의 16퍼센트는 코로나19로 인해 정서적 상처가 악화됐고, 팬데믹으로 심화된 재정·식품·주거 불안정으로 교육 기회를 박탈당했다. Lisa A. Gennetian and Kathy Hirsh- Pasek, "Where's the Rallying Cry: America's Children Are Unequally Prepared to Absorb the Impact of COVID-19," Brookings Institution, May 13, 2020, https://www.brookings.edu/blog/education-plus-development/2020/05/13/wheres-the-rallying-cry-americas-

정부 요직을 그만둔 콜먼은 능력주의의 최고 수장이라고 할 수 있는, 고도로 영리적인 '비영리' 조직인 대학위원회 (College Board)의 최고경영자로 취임했다. 이 조직은 수학 능력 시험(SAT), 대학원 입학 시험(GRE), 의과대학 입학 시험(MCAT)을 비롯해 모든 선다형 시험을 관장하는데, 이런 시험들로 응시자들을 평범한 학생과 비범한 학생으로 선별해 미래의 학문적 성공을 예측한다는 것이다.

콜먼은 오바마가 임명한 다른 모든 사람들처럼 행정부에 뛰어난 혈통을 수혈했다. 예일 대학교의 문학과 영어 전공자들[여기에는 이 책의 저자인 나와 슈퍼스파이인 제임스 앵글턴(James J. Angleton) 같은 국가안보국(NSA)과 중앙정보국(CIA)의 과거와 미래 요원들도 포함된다]처럼 콜먼은 정독(精讀)이 인간의 지적 활동에서 최고라는 생각을 주입받았다.[9] 예일 대학교 문학부는 복잡한 텍스트를 풀어내는 데 집착하는 신비평을

---

children-are-unequally-prepared-to-absorb-the-impacts-of-covid-19/.

9   Robin Winks, *Cloak and Gown: Scholars in the Secret War* (New York: Morrow, 1987); Jefferson Morely, *Ghost: The Secret Life of CIA Spymaster James Jesus Angleton* (New York: St. Martin's, 2018).

냉전에 기반해 만들어내고 홍보했다. 이 신비평의 근본적인 방법론은 사회적이든, 역사적이든, 정치적이든 맥락을 부인하는 데 중점을 두었다. 면밀한 정독이라는 근시안적 조사만이 완전한 것이고 조개껍질 같은 텍스트를 포기하게 만들어 찬란한 의미가 담긴 무지갯빛 진주를 드러내 보여준다는 것이다. 예일 대학교와 신비평은 어떤 식으로든 통속성과 단순성을 혐오했다. 콜먼의 지도하에 공통 핵심 교과 과정은 정독이라는 요구에 따라 형태를 갖추었다. 공통 핵심 교과 과정이 언어 과목의 새로운 연방 시험을 시행했을 때, 이 놀라운 문서 기반 질문(document-based questions, DBQ)은 예일 대학교가 키워낸 '정독'의 모든 특징을 지니고 있었다. 문제는 문서 기반 질문이 전혀 질문이 아니라는 점이었다. 《앵무새 죽이기》의 경우, 학생들은 사전에 공들여 준비한 명제에 대해 문서 기반 증거를 제시하도록 되어 있었다. (내 아들은 그 소설이 '어떤 입장을 취하는 것'의 중요성을 어떻게 주장하는지 보여달라는 얘기를 들었다.)

따라서 애티커스 핀치가 메이콤에서 인종차별주의자와 미친개들한테 맞설 수 있는 단 한 사람으로 등장한다는 게 정답일 것이다. 그는 의로운 사람들의 공동체를 보호하고 봉인하는 것을 의미하는 문명화 폭력의 담지자다. 하퍼 리의 소설은 끔찍한 유얼(Ewell) 집안으로 대변되는 분노하고 반항적이고 쾌락을 추구하는 가난한 백인에 대한 혐오로 가득 차 있다. 저주받은 가족의 막내아들인 버리스(Burris)는 온몸에 이투성이인 채로 학교에 등교한다. 버리스의 누나 메이엘라(Mayella)도 심각한 개인위생 문제가 있고, 성적으로 굶주린 데다 부정직하다. 이 저주받은 가족의 아버지 밥 유얼(Bob Ewell)은 섹스와 복수 그리고 폭력 충동을 조절하지 못한다. 당연하게도 유얼 가족은 공공 지원에 기대 연명한다. 밥은 자신의 딸을 폭행하고 아프리카계 미국인 톰 로빈슨(Tom Robinson)에게 누명을 씌운다. 메이엘라는 법정에서 위증을 하면서, 자기 아버지가 가한 폭력 혐의로 자기가 욕망하던 사람인 로빈슨을 고발한다. 애티커스는 법정에서 로빈슨을 성공적으로 변호하지만, 로빈슨은 무죄를 입증하는 증거가 있음에도 불구하고 유죄 선고를 받는다. 선고 후에 로빈슨은 탈옥을 시도하다가 군중에게 린치를 당한다. 소설 막바지에 밥 유얼은 무고한 사람을 변호한 핀치에게 여전히 분노하고, 그래서 핀치의 두 아이를 해치려 한다. 하지만 이중 살인을 시도하던 중 그는 마을에서 고립된 채 살아가던 부 래들리(Boo Radley)에게 살해당하고 만다.

소설의 시작 장면에서 괘씸한 유얼 가족과 대조적인, 가난하지만 고상한 농부인 커닝햄(Cunningham) 가족은 애티커스의 변호사 비용을 히코리 너트(hickory nut)로 지불한다. 스카우트가 아빠에게 자기 집인이 가난하냐고 묻자, 애티커스는 자기 집안이 가난하긴 해도 커닝햄네만큼은 가난하지 않다고 말한다. 그러면서 '자긍심 있는' 커닝햄네는 농장이 몽땅 저당잡혀 있지만 공공 지원을 받지는 않을 거라고 스카우트에게 설명한다. 커닝햄네는 미덕을 갖춘 가난한 사람들이다. 반면, 유얼네는 나쁘고 가난한 사람들이어서 공공 부조를 받는다. 미국 어린이 중 절반 이상이 짧은 생애 동안 어느 시점에든 공공 지원을 받은 경험이 있다. 그런데 고상하고 미덕을 갖춘 변호사와 그 가족을 죽이려는 사악하고 공공 지원을 악용하는 가난한 사람에 대해 쓴 이 소설을 그 어린이들에게 읽히는 것은 가학적으로 보인다. 가난한 9학년 학생이 언어 과목 수업에 집중한다면, 하퍼 리의 소설에서 가난하지만 훌륭한 사람들은 거절하는 것을 기꺼이 얻으려는 자기 가족에게 모욕감을 느낄 게 분

명하다.[10]

《앵무새 죽이기》의 이데올로기적 메시지가 빌 클린턴의 1996년 복지 개혁을 뒷받침했다는 건 명백하다. 클린턴은 아칸소 주지사였을 때 교사들을 공격했던 것처럼, 대통령이 되어서는 복지와 그 복지의 수혜자들을 공격했다. 클린턴은 더욱더 가혹한 사회적 지원 시스템을 만들며 하퍼 리처럼 복지가 가난한 사람들에게 의존과 부패를 조장한다는 생각을 퍼뜨렸다. 하퍼 리처럼 그는 자격 있는 가난한 사람과 자격 없는 가난한 사람이라는 생각을 고취했다. 빌 클린턴이 복지를 '빈곤 가정 임시 지원(Temporary Assistance for Needy Families, TANF)' 제도로 변형했을 때, 그의 정책 결정자들은 가난한 어린이들은 '선량한' 자격이 있는 가난한 사람으로, 그들의 부모는 처벌과 긴축을 받아 마땅한 게으름뱅이로 만들었다.[11] 신자유주의 정책은 사회

---

10   https://www.thoughtco.com/who-really-receives-welfare-41265.

11   다음을 참조. Richard Fording and Sanford Schram, "The Welfare Reform Disaster," *Jacobin*, August 28, 2016, https://prospect.org/features/low-wages-add/.

안전망으로는 사람들이 추락하는 걸 막지 못한다고 주장한다. 사회 안전망이 사람들로 하여금 일어서지 못하게 덫에 빠뜨린다는 것이다. 가난한 사람들에 대한 이런 시각을 소설을 통해 지지한 대가로 저자는 퓰리처상, (조지 W. 부시 대통령에게서) 자유의 메달, (버락 오바마 대통령에게서) 국가예술 훈장을 받았다.

이 소설은 1968년 이후 이뤄진 PMC의 승리를 예측했다. 즉, 미덕을 갖춘 변호사와 활기찬 딸의 도덕적 엄정함이 인종차별주의의 해결책으로서 기존 질서에 매력적으로 보이게끔 만든다. 그러면서 다른 사람의 처지가 되어서 공감하는 개인적 능력을 쌓도록 노력하고, 책을 읽고, 의로운 느낌을 가지라고 주문한다. 《앵무새 죽이기》는 냉전 시기 반공주의 선전에 놀랍도록 효과적인 작품이었다. 이 소설은 반인종차별주의가 나쁜(가난한) 백인에 맞서 무기력한 흑인을 옹호하는 선량한 백인에 대한 이야기라는 자유주의적 환상에 기초해 미국적 자유주의의 이미지를 창조했다. 이는 미국 내와 세계 도처에서 사람들의 마음을 사로잡는 강력한 도구였다.

하퍼콜린스(HarperCollins) 출판사는 2015년 7월 《앵

무새 죽이기》의 후속작 《파수꾼》을 출간했다. 평론가들은 《파수꾼》에 실망했는데, 이는 작품의 수준뿐만 아니라 애티커스가 KKK 단원인 것으로 밝혀졌기 때문이다. 소설에서 애티커스는 성인이 되어 뉴욕에 살다가 휴가차 앨라배마의 집으로 온 딸 스카우트에게 자신의 소속을 고백한다. 하퍼 리의 팬들이 애티커스 핀치가 인종차별주의자라는 사실을 알고 느낄 씁쓸한 실망을 〈뉴욕 타임스〉와 가쿠타니는 염려했다. 하지만 두 번째 소설은 사실상 저자가 양면적인 선동가였다는 방증이다.[12] KKK와 린치 집단들이 자신들의 공동체에서 올곧은 시민들이자 교육받은 부유한 백인들로 이루어졌다는 것은 역사적인 설명과 기록으로 남은 증거로 오래전부터 확인되어온 사실이다. 그들 가운데 많은 이들이 애티커스처럼 교육받은 전문 직종의 사람들이었다.[13]

---

12   July 2015, Kakutani reviews *Go Set a Watchman* 〔공진호 옮김, 《파수꾼》, 열린책들, 2015〕.

13   Linda Gordon, "Broadside for the Trump Era: The Ku Klux Klan of the 1920s," March 14, 2018, https://www.versobooks.com/blogs/3688-broadside-for-the-trump-era-the-ku-klux-klan-of-the-1920s.

하퍼 리가 인종차별주의에 대해 《앵무새 죽이기》가 퍼뜨린 거짓되고 엘리트주의적인 이미지를 바로잡으려 했다면, 가쿠타니는 작가가 역사적 자기 교정을 시도했다는 걸 깨닫지 못했다. 사실, 오바마를 독서가이자 사려 깊은 사람으로 묘사한 가쿠타니의 2016년 인물평은 순전히 이데올로기일 뿐이다. 오바마의 독서 취향에는 뚜렷한 한계가 있었다. 그는 이전의 어떤 대통령보다 불법 이민자를 더 많이 추방했다. 2008년 이후의 은행 구제 금융은 은행가들은 구했지만, 수백만 명의 미국인이 고리의 주택 담보 대출로 파산해 자신의 집에서 쫓겨났다. 오바마는 PMC 엘리트에 이끌려 월스트리트의 이익을 위해 통치했지, 은행의 속임수와 부정행위의 희생자가 된 이들과 노동 계급을 위해 통치하지 않았다. 오바마가 금융 위기 때문에 가정과 생계를 잃은 평범한 아프리카계 미국인 가족들보다 JP 모건 체이스(JP Morgan Chase)의 최고경영자 제이미 다이먼(Jamie Dimon)과 더 공감했을 가능성이 있을까?

모든 운동장을 평평하게 만들 수 있고 모든 젠더·인종·성별·성정체성 등에서 놀라울 정도로 다양한 사람들에게 기회의 평등을 창출할 능력을 유일하게 갖추었다고 생각했던 나라에서, 미국의 제도는 지능과 노력의 대가를 소수에게 배분하는 데 갈수록 능란해지고 있다. 많은 이들의 고통과 배제는 내팽개친 채로. 사실, 1970년대 이래 PMC 엘리트는 놀라운 수준의 경제적·심리적 안정을 누리게 되었는데, 대학 교육을 받지 않은 노동 계급 사람들로서는 이런 권리 주장을 거의 할 수도 없다. 더욱이 앤 케이스(Ann Case)와 앵거스 디턴(Angus Deaton)이 밝혔듯이, 고등학교 졸업장이 없는 히스패닉계가 아닌 중년의 노동 계급 백인에게서 나타난 기대 수명과 건강의 극적인 하락은 대규모 공중 보건 전염병이라는 특징을 띠었다.[14] 불행하게도, **절망으로 인한 죽음**은 우리 모두에게 너무나 많이 익숙해진 용어다. 코로나19가 유색 인종 노동 계급 공동체에 훨씬 더 치명적이라고 밝혀진 것도 놀랍지 않다. 재택근무를 하는 PMC는 팬데믹 시기에 건강상 이점을 추가로 누릴 수 있었다.

18세기 초, 다른 사람들의 노동 덕분에 유럽의 부르

---

14   Ann Case and Angus Deaton, *Deaths of Despair and the Future of Capitalism* (Princeton, N.J.: Princeton University Press, 2020).

주아 엘리트들이 이른바 사심 없이 감수성과 예민함을 함양하는 데 여가를 활용할 수 있게 되었을 때, 선택받은 유한 남녀 집단은 새로운 형태의 사회성과 상호 주관성을 상상하기에 이르렀다. 오늘날의 자본가와 PMC 엘리트도 자기 계발에 열중하지만, 그들은 자신의 '특권'에 대한 불안 때문에 평범한 사람들은 할 수 없는 일을 해치우면서 다른 사람들을 모욕하고, 자신이 문화적·정치적 전위대라고 지치지도 않고 내세우는 데 열성적이다. PMC 엘리트는 항상 스스로를 실험한다. 새로운 공동체주의의 비호 아래 '땅'으로 돌아가는 것에서부터 케토 다이어트, 오염된 생수만 마시기 그리고 간헐적 단식에 이르기까지 그들의 자기만족은 항상 일종의 신성한 체하는 절제다. 예절과 새로운 형태의 상호 호칭이라는 측면에서, PMC 엘리트는 노동 계급이 터득하지 못한 자유주의적 관용의 언어를 개척해왔다. PMC 엘리트는 의식적으로든 무의식적으로든 적대자들에게 지성, 공감, 미덕이 절실히 부족하다며 그들을 모욕하고 싶어 한다.

가쿠타니가 오바마를 인터뷰하고 오바마가 어떻게 인종차별주의가 되지 않는지에 대한 애티커스 핀치의 말을 옮겼을 때, PMC 엘리트는 감수성과 예민함의 세계에 갇혀 섬처럼 격리된 사람들을 연결하는 약하지만 사회적으로 인식할 수 있는 일련의 고리를 구축한다는 독서법을 상찬하고 있었다. 오바마와 가쿠타니 그리고 초기의 하퍼 리는 미국식 다원주의의 가치를 우리에게 심어주는 중요한 역할을 했다. 여기서 미국식 다원주의는 전문적이고 자유로운 자기 계발 방식을 통합하는 하향식 교훈을 말한다. 다른 사람, 다른 경험은 우리의 공감 능력을 확장할 수 있을 때에만 존재할 뿐이다. 오바마와 가쿠타니는 우리 모두에게 우리의 문화유산을 어떻게 다룰지 가르쳤지만, 그들의 PMC 교수법은 우리가 배우길 거부해야 하는 교훈을 제공한다. 애티커스 핀치를 정치 프로젝트로, 복지 국가와 사회주의에 반대하는 잘 짜인 선전 소설 속 등장인물로 읽도록 하자. 독서는 심히 중요하지만, 오바마와 가쿠타니가 원하는 방식으로는 아니다.

전문·관리 계급과 성생활

사랑의 여름(Summer of Love: 히피의 반문화에 동참한 수십만 명의 젊은이가 1967년 여름 샌프란시스코에 모인 사회적 현상—옮긴이) 동안, 전위적인 68세대는 자신들이 성적 쾌락을 경험하는 새롭고 혁명적인 방법을 발명했다고 생각했다. 그렇지 않았다. 그들은 스스로를 인류 최초의 성적 모험가라고 생각했다. 그렇지 않았다. 성생활은 언제나 난잡한 일이었다. 하지만 18세기 유럽에서 그리고 특별하지만 예외적이지는 않은 프랑스에서 성적 자유를 진지하게 받아들인 대부분 남성인 방탕아들은 관찰할 수 있는 세계와 신의 죽음, 비유럽 문화의 훌륭함에 대해 학술적 탐구를 하며 저술했고,

수준이 다른 원죄 속에 살면서 기독교의 도덕을 비웃고 성체를 모독했다. 그들은 성 혁명에 동참했고, 성 혁명의 정치적 영향에 아주 민감했다.

　18세기에 프랑스의 자유주의적 문학은 인격화한 클리토리스, 발 페티시(foot fetish)에 대한 구체적인 묘사, 항문 성교의 쾌락에 대한 심도 있는 토론으로 가득 차 있었다. 오늘날 우리가 성에 대한 많은 진보적인 이상을 빚지고 있는 성 혁명가는 사드 후작(Marquis de Sade)이다. 귀족 계급의 배신자이자 구제할 길 없는 성도착자인 그는 프랑스 혁명을 지지했고, 인생의 많은 시간을 비참한 감방에서 외설적인 글을 쓰며 보냈다. 테오도르 아도르노(Theodor Adorno, 1903~1969: 호르크하이머와 함께 비판이론으로 널리 알려진 프랑크푸르트학파의 창설자─옮긴이)와 막스 호르크하이머(Max Horkheimer, 1895~1973)는 성적 행동에 대한 근대 유럽의 탈신비화는 인간의 성에 대한 사드의 논리, 그리고 쾌락에 대한 치밀하면서도 불안한 탐색과 더불어 시작되었다고 지적했다. 사드는 《규방철학(La philosophie dans le boudoir)》이라는 외설적인 소설에 포함된 주목할 만한 팸플릿에서 "프랑스인들이여, 공화주의자가 되고 싶다면 더 노력하라"라고 말한다. 1789년 혁명이 교회와 왕정을 무너뜨렸을지 모르지만, 혁명으로 사람들을 해방하고 미신과 억압을 확실하게 타파하려면 더 나아가야 한다고 주장한 것이다. 성적 지식, 말하자면 자신의 몸과 타인의 몸을 통해 쾌락을 얻는 방법에 대한 지식은 편견 없이 모두에게 허용되어야 한다. 리베르티나주(libertinage), 즉 공공연한 무신론자들의 절대적인 성적 자유의 행사는 앙시앵레짐(ancien régime)하에서 귀족들만의 권한이었다. 사드는 모두의 성적 자유를 원했고, 혁명가들이 성도덕의 우상을 무너뜨리지 않고 인민의 성적 자유를 요구하지 않는다면, 교회와 왕의 권력이 당통(Danton)과 로베스피에르(Robespierre)가 이룬 혁명의 업적들은 물론 왕과 교회를 마침내 타도한 프랑스 민중을 무너뜨릴 준비를 하며 숨어서 기다릴 것이라고 경고했다. 요컨대 성 혁명이 해방의 논리를 끝까지 밀어붙이지 않는다면 반혁명이 있을 것이라고 사드는 경고했다.

《규방철학》에서 외제니(Eugenie)라는 이름을 가진 열다섯 살의 총명한 처녀는 남녀의 에로틱한 쾌락이라는 신비에 발을 들여놓는다. 그에게 성적 쾌락을 어떻게 '극대화'할지 가르치는 이는 경험 많은 스물여섯 살의 자유분방

한 생탕주(Saint-Ange) 부인이다. 소설 속 팸플릿에서 사드는 간통, 동성애, 매춘, 근친상간, 강간을 모두 비(非)범죄화해야 한다고 주장한다. 그는 부분적으로 선견지명이 있는 것으로 밝혀졌다. 2020년 미국에서 혼전 및 혼외 섹스는 더 이상 금기가 아니다. 극단적 종교 분파가 아니라면 부모는 아들이 순결하지 않다고, 딸이 성 경험이 있다고 애통해하지 않는다. 게다가 동성애는 거의 모든 민주주의 산업 국가에서 이제 범죄가 아니고, 동성 결혼 또한 많은 나라에서 합법화했다. 매춘을 정상화하거나 최소한 범죄시하지 않는 것은 자유민주주의 국가에서 성 노동자들에게 하나의 혜택이자, 자유주의적이고 성적으로 계몽된 사회의 최종 단계로 여겨진다. 사드가 부분적이긴 해도 정치적 예언자였다는 점을 부인하기는 어렵다. 사드가 억압적이라고 열거한 금기가 계몽적인 사회에서 모두 제거된 것은 아니다. 그의 성적 계몽주의의 어두운 면, 예를 들면 자신의 쾌락을 위해 타인을 체계적으로 학대하는 사디즘은 어떤 상황에서도 사회적으로 허용될 수 없었다. 아도르노와 호르크하이머에 의하면, 사디즘은 제2차 세계대전이 종결된 후 계몽주의의 근본적인 냉혹함을 노동자, 농노, 노예 등 다른 사람들의 난폭한 도구화와 착취로 정당화하는 철학 체계였다. 아도르노와 호르크하이머는 18세기의 감성은 사디즘의 또 다른 측면이라고 주장했다. 자본주의의 팽창에는 이 두 가치 체계가 모두 필요했는데, 삶을 이윤율로 환원하는 세계를 이타심과 선의로 은폐한 것이다.

1960년대의 성 혁명가들은 사드의 계몽주의를 일부 복제했지만, 자신들의 서구 선배들은 인정하지 않고서, 혁신을 추진하며 동양의 성 예술을 즐겨 인용했다. 신좌파 성 혁명가들은 자신들이 세계와 나누고 싶은 새로운 쾌락 관계를 구축했다고 믿었다. 그들은 풍요로운 사회가 제공하는 하찮은 만족과 대량 생산 상품 그리고 즉석 냉동식품을 거부하듯이 구식의 육체관계도 거부했다. 우드스톡(Woodstock: 1969년 8월 록 페스티벌이 열린 곳으로, 반문화의 대명사이기도 하다―옮긴이)의 진창에서부서 켄 키지(Ken Kesey, 1935~2001: 미국의 작가이자 히피 집단의 리더―옮긴이)가 머물던 숙소의 향기로운 관목 숲까지 반문화와 신좌파는 이른바 참신한 형태의 쾌락주의를 자랑스럽게 실험했지만, 그 대부분은 카리스마 있는 남자 한 명을 중심으로 허약한 여자들이 한 집단을 이뤄 그의 뜻에 복종하는 일부다처제로 바뀌었다.

신좌파 남자들의 원시인 무리 같은 별난 짓거리에
불만을 품은 페미니스트들은 여자가 자신의 육체를 되찾아
야 하고, 그렇게 해서 자신들의 쾌락 관계를 회복해야 한
다는 것을 깨달았다. '보스턴 여성 건강서 공동체(Boston
Women's Health Book Collective)'가 여성 중심의 여성 건강
지침서 《우리 몸, 우리 자신(Our Bodies, Our Selves)》을 펴
내면서, 그들은 기성 체제가 여성 해부학과 여성의 경험
에 대한 정보를 여성에게서 감춰왔다는 생각을 고취시켰
다. 여성 네트워크에서 공유된 중요 정보를 모으면 결국 여
성의 완전한 성적 해방으로 이어질 것이라고 그들은 믿었
다. 사드의 여주인공이 오르가슴으로 해방된다면, PMC 페
미니스트들은 대신 진정으로 해방적인 것은 오르가슴에 도
달하는 정보라고 믿었다. 대학 교육을 받은 신좌파 여성들
은 정말이지 자신들이 성생활과 사회생활의 전위에 서 있
다고 생각했다. 《우리 몸, 우리 자신》에 따르면 자동차 수
리를 배우고, 오랫동안 하이킹을 하고, 카약을 타는 등 여
자가 하는 모든 것은 믿을 수 없을 만큼 정치적 의미가 있
는 개인 여가 활동이었다. 남자들이 신비롭고 두렵고 다루
기 힘든 일에 여자가 접근하는 걸 거부하기 때문에, 여자

들은 자신의 몸을 이해할 필요가 있다고 《우리 몸, 우리 자신》은 주장했다. 저자들이 질 확대경을 재빨리 내려다보고는 테니스 시합에 가려는 듯 서두르는 모습의 잘난 체하는 외래 산부인과 의사들에 대해 불만을 토로할 때 그 대상은 PMC 여성들이었다. 저자들은 세계 여성 대부분이 정기적인 의료 관리를 전혀 받지 못한다는 사실을 간과했다. 그들의 '특권'을 좀더 비틀어서 보자면, 《우리 몸, 우리 자신》의 저자들은 여자들에게 육체노동의 즐거움을 탐험하라고 열심히 말하면서도, 세계 여성 다수가 선택이 아니라 필요에 의해 육체노동을 한다는 사실을 외면했다. 인류 역사 내내 여성은 아기를 양육하고, 손으로 농작물을 수확하고, 강에서 빨래를 하며, 물을 긷고 농사를 짓느라 허리가 휘었다. 전기나 수돗물이 없는 집에서 살 때, 여자들은 농업 경제에서 살아남는 데 필요한 종류의 일들을 했다. 이런 일들은 대학 교육을 받은 도시와 교외의 여자들이 갭이어(gap year: 흔히 고교 졸업 후 대학 생활을 시작하기 전에 일을 하거나 여행을 하면서 보내는 1년—옮긴이) 동안 이국적인 장소를 방문할 때 이외에는 상상도 할 수 없는 것이다. 산업혁명으로 노동 계급 여자들에게는 더 많은 종류의 일이 생겼다. 그중 일부는 육체노동이고 일부는 소근육 운동에 기초한 것이지만, 그 모든 일이 생산 주기에서 규칙화되어 여자들에게는 일종의 처벌이나 다름없었다.

여성 운동의 과장된 야망에 대한 반응으로, 1970년대와 1980년대의 보수적인 문화 전사들은 결혼과 가족의 해체가 임박했다고 도덕적 공포를 조장했다. 그러나 시간이 지나면서, 반문화적인 PMC 남녀들은 성적 방탕아들이 되지 않았다. 사실, 대학 교육을 받은 미국인 대다수는 직업적으로 더 성공하면서 방탕과 비전통적인 낭만적 관계를 포기했다. 그들은 수입과 자산이 불어남에 따라 자리를 잡고 파트너 바꾸길 멈추도록 장려되었다. PMC의 사회경제적 지위가 보호되자 위태로운 처지의 노동 계급이 포기한 희생과 타협의 기회가 조성되었다. 대학 교육을 받지 못한 사람들에게서 2020년 현재 우리는 이혼과 한 부모 비율이 증가하는 현상을 목도하고 있다. PMC 가족이 동성애 가족이든 아니든 노동 계급 가족보다 더 열성적으로 일부일처제와 가족의 가치를 받아들인다는 것은 진정으로 역설적인 가치 전도여서 문화 전쟁의 논리를 뒤집는다.

PMC 페미니즘 입장에서 성 혁명은 주로 정보와 교

육 혁명이었다. 그것은 책 한 권을 읽거나 그 책을 읽는 의식화 집단에 속하면 이루어질 수 있는 혁명이었다. 오르가슴과 쾌락을 PMC의 도덕적이고 교육적인 세련미의 대상으로 만든 혁명이었다. 〔지 스폿(G spot)을 기억하는가?〕 이 혁명에 동참하려면 PMC 사람들의 개인적 경험과 삶이 의미 있는 정치적 활동과 문화적 활동의 가장 중요한 현장이라는 점을 받아들여야 했다. 섹스에 긍정적인 PMC 페미니즘에서 최고의 섹스는 사회적 진공 상태에서 얻을 수 있었다. 깨끗한 침대보로 덮인 안락한 침대에서, 경제적 불안이나 사회적 불안 없이 서로 합의한 파트너 사이에 이루어진다. 그런 최적의 상황에서, 여성은 예민하고 수용적인 파트너에게 자신의 필요와 욕구를 전달하는 내내 자기의 클리토리스나 소음순 또는 회음부를 느긋하게 손가락으로 만질 수 있을 것이다. 좋은 섹스는 이상적인 동의를 구축하는 정보와 의사소통 이론의 논리로 가득 차게 되었다.

　　성적으로 계몽된 PMC 사람들과는 극명하게 대조적으로, 노동 계급의 남녀는 1970년대의 대중문화에서 자신들의 감정과 동떨어졌고 자신들의 에로틱한 요구를 소통할 수 없어 여성 혐오, 동성애 증오, 편견, 폭력에 갇혔다고 표현되었다.[1] 1970년대에 할리우드에서 활동한 신좌파 창작자와 자유주의자들이 볼 때, 노동 계급 사람들은 성적으로 암흑기에 살고 있었다. 노동 계급 남자들은 구제 불가능한 권위주의자들이었고, 노동 계급 여자들은 가족을 부양하는 사람의 가부장적 권력에 무작정 순종했다. 19세기와 20세기의 선환기에 노동 계급이 자본가와 그 대리인들에 맞선 정치적 투쟁의 선봉에 서 있었음을 부인할 수 없지만, 1968년 이후의 PMC는 성 혁명을 비롯한 모든 혁명의 선봉에 선 것은 자신들뿐이라고 단언했다.

오바마 행정부에서 국가는 계몽적인 성 규제에 깊이 관여했다. 말 잘하고 책 잘 읽는 대통령하에서 승리에 겨워 우쭐대는 PMC는 2008년부터 자유주의자들의 집단적 에너지의 초점을 섹스로부터 계급 형성에서 가장 중요한 공간 중 하나인 대학교, 특히 일류 대학교로 돌려놓았다. 성폭력과 성 과잉에 대한 도구화된 집착은 미국 청교도주의의 중요한 부분이어서 성적 계몽주의에서 도덕적 우월감은 PMC

---

1   Jefferson Cowie, *Stayin' Alive: The Last Days of the Working Class* (New York: New Press, 2012).

의 반문화적 유산에서 중요한 부분을 차지한다. 오바마 행정부에서 부상한 한 PMC 엘리트는 경제적 부정행위에 집중하기보다 경제 재분배로부터 관심을 돌릴 수 있는 어떤 정책에도 자유주의자들이 바치는 열성을 갖고 성범죄를, 근무 환경이나 직장이 아닌 대학교 캠퍼스의 성범죄를 추적했다. 요컨대 오바마는 취임한 후 은행을 해체하거나 금융 부문을 개혁하는 대신 선거 승리를 이용해 대학교 캠퍼스의 성폭력을 제거하길 원했다. 2011년 교육부 시민권 사무소는 7000곳 이상의 대학에 '친애하는 동료에게'라는 제목의 서한을 발송해 대학이 캠퍼스 성폭력을 예방하고 치유하는 조치를 취하지 않는다면 연방 정부의 모든 재정 지원을 잃게 될 것이라고 경고했다. 오늘날 법률 해설가들은 각 대학의 행정 당국이 그 서한에 과도하게 순종적으로 반응했다고 인정한다. 많은 '타이틀 나인(Title IX: 대학에서의 성차별을 금지하는 법률—옮긴이)' 담당 부서에서 민주적 법치를 구성하는 무죄 추정의 원칙을 거부한 채 인민재판에 불과한 대학조사위원회를 설립했다.[2]

---

2   http://www.newyorker.com/news/our-columnists/assessing-betsy-

동시에, 마치 오바마 행정부의 엄격한 새로운 정책의 필요성을 확인이라도 하듯이 대학 캠퍼스의 성폭력과 성적 학대에 대한 선정적인 이야기들이 주류 언론에 등장했다. 오바마 시대의 성 공포가 절정에 달한 2015년에 커비 딕(Kirby Dick, 1952~: 미국의 영화감독―옮긴이)의 〈더 헌팅 그라운드(The Hunting Ground)〉가 개봉했는데, 잠깐만, 제작사가 와인스틴 컴퍼니(Weinstein Company)였다. (영화감독 겸 제작자였던 와인스틴은 오랫동안 많은 여배우를 성폭력한 혐의로 2017년 기소되어 2020년 23년형을 선고받았다―옮긴이.) 딕의 다큐멘터리는 대학교 캠퍼스를 젊은 여성들이 살기에는 공포스러운 장소로 그렸다. 딕이 와인스틴의 도움을 받아 대학의 성폭력에 목마른 자유주의 관객에게 영합한 것이다. 2016년 앰버 프로스트는 전국 범죄 피해 조사(National Crime Victimization Survey)의 수치를 인용했는데, 이에 따르면 대학에 다니지 않는 여성은 대학에 다니는 여성보다 성폭력을 당할 위험이 1.2배 높았다.[3] 대학 캠퍼스의 성폭력

---

devos-proposed-rules-on-title-ix-and-sexual-assault.

3　　Amber Frost, "The Trouble with the Trauma Industry," *Baffler*,

은 불평등과 억압, 직장에서의 성희롱 및 성차별과는 거리가 먼 문화 전쟁의 새로운 전선으로 떠올라 자유주의적 PMC 엘리트를 끌어들였다. 대학 캠퍼스의 성폭력과 싸우면서 PMC는 애티커스 핀치 같은 화이트칼라 전문직과 변호사들이 경제적 학대 외의 모든 저(低)위험 투쟁에서 진정한 영웅이라는 믿음을 강화할 수 있었다.

샌프란시스코의 로큰롤과 마약에 취한 방종의 반문화 도가니 속에서 1967년 탄생한 잡지 〈롤링 스톤(Rolling Stone)〉은 오바마 시대의 아주 끔찍한 대학 성폭력 사건 하나를 다루었다. 한때 그 잡지는 구매력이 높아지고 로큰롤에 취한 중산층 소비자 세대를 대상으로 크게 성공한 미디어 매체였다. 2014년이 되자 이 잡지는 인터넷에서 이목을 끌기 위해 경쟁하는 또 하나의 주류 잡지가 되었다. 2008년의 경제 위기로 이 잡지는 특히 심각한 타격을 입었다. 인쇄 잡지의 광고 수익은 2007년 최고조에 올랐다가 매년 꾸준히 하락했는데, 부시와 오바마 행정부가 공작한 이른바 경제 '회복'이나 디지털 판매로도 한숨을 돌리지 못

no. 31 (June 2016), https://thebaffler.com/salvos/confession-booth-frost.

했다.[4] 객원 편집자 새브리나 어델리(Sabrina Erdely)가 버지니아 대학교에서 발생했다고 알려진 집단 강간 사건을 폭로했을 때, 잰 웨너(Jann Wenner: 〈롤링 스톤〉 공동 창립자—옮긴이)와 〈롤링 스톤〉 편집부가 그의 글 '캠퍼스에서의 강간'을 서둘러 발표한 것은 아주 이해할 만한 일이다. 9000단어로 된 이 기사는 피해자라고 주장하는 '재키(Jackie)'의 관점에서 2012년 파이 베타 카파(Phi Beta Kappa: 미국 유수 대학의 우등생들 모임—옮긴이) 동아리방에서 발생한 끔찍한 집단 강간을 자세히 다루었다. 이 기사는 〈롤링 스톤〉 사이트에서 270만 조회 수를 기록했는데, 이는 이 잡지가 발표한 다른 어떤 비(非)유명인 특종보다 많은 수치였다. 〈워싱턴 포스트〉가 재키 사건을 독자적으로 조사하기로 결정했을 때, 어델리는 재키가 제시한 구체적인 내용 중 어떤 것도 사실로 확증하지 못했다는 게 명백해졌다. 그 사건의

---

4   Kali Hays, "Magazine Ad Revenue Continues to Decline Despite Some Audience Growth," *WWD*, July 27, 2019, https://wwd.com/business-news/media/magazines-ad-revenue-continues-decline-despite-some-audience-growth-1203224173/.

많은 허점 가운데 〈워싱턴 포스트〉는 재키가 강간당했다고 주장하는 그날 밤 동아리방에서 파티를 한 기록이 없다는 걸 발견했다. 2015년 〈롤링 스톤〉은 이 기사를 철회하고 컬럼비아 대학교 언론대학원이 수행한, 어델리의 오보에 대한 자세한 조사를 발표했다.[5] 그러자 파이 베타 카파 동아리와 버지니아 대학교 학생처장은 〈롤링 스톤〉과 새브리나 어델리를 명예 훼손으로 고소했다. 이런 악명 높은 전문직 실패 사례의 광범위한 문화적·정치적 여파를 평가하기는 어렵지만, 우파는 '주류 언론'과 직업 언론인에 대한 대중의 혐오와 분개를 어떻게 부채질할지 분명히 알았고, 이 악명 높은 오보를 최대한 이용했다. 이 사건을 집요하게 파고든 극우 뉴스 사이트 〈데일리 콜러(The Daily Caller)〉는 〈롤링 스톤〉과 어델리의 불명예 그리고 법적 문제를 만족스럽게 바라보았다. 보수주의자들과 인셀〔incel: 비자발적 독

5   Sheila Coronel, Steve Coll, and Derek Kravitz, "Rolling Stone and UVA: The Columbia University Graduate School Report: An Anatomy of Journalistic Failure," https://www.rollingstone.com/culture/culture-news/rolling-stone-and-uva-the-columbia-university-graduate-school-of-journalism-report-44930/.

신(involuntary celibate)의 약자로, 연애나 섹스를 하고 싶어도 파트너를 구하지 못해 여성을 혐오하는 백인 남성―옮긴이]의 분노를 키우는 극우에게 이 버지니아 대학교 이야기는 자신들의 서사, 즉 자유주의 언론은 청년들을 악마화하는 가짜 뉴스로 돈을 밝히며 선정성을 좇는 위선으로 가득 차 있다는 서사를 확인시켜주는 것이었다.[6]

　'사랑의 여름'이 지나고 50년 후, 대학교에 다니는 여성들은 이전의 어떤 세대보다 더 많은 정보와 성교육으로 무장했다. 그러나 그들은 대학교의 타이틀 나인 담당자의 도움 없이 성적 자율성과 남성의 욕구를 다루어야 했던 이전 세대의 여성들보다 성적 주체성을 더 잘 감당할 수 있을 것처럼 보이지 않았고, 보호가 더 많이 필요해 보였다. 자칭 '좌파 페미니스트'이자 '반란군(rebel)'인 자유사상가 로라 키프니스(Laura Kipnis) 노스웨스턴 대학교 교수는 우리가 성 편집증의 새로운 시대를 관통하고 있다고 보았다.

6　　Lucia Graves, "Five Years On, the Lessons from the Rolling Stone Rape Story," *Guardian*, December 29, 2019, https://www.theguardian.com/society/2019/dec/29/rolling-stone-rape-story-uva-five-years.

키프니스의 책《원치 않는 진보: 캠퍼스에 온 성 편집증》은 키프니스 자신이 조사한 타이틀 나인에 대한 설명과 노스웨스턴 대학교의 옛 동료 피터 러들로(Peter Ludlow)에 대한 소송이 핵심을 이룬다.[7] 키프니스는 〈고등교육 연보〉에 노스웨스턴 대학교와 피터 러들로 소송에 대해 몇 편의 글을 발표한 후 자신을 상대로 시작된 타이틀 나인의 카프카식 조사를 분명하면서도 공평하게 설명한다.[8] 키프니스의 책 전반부는 이 철학 교수에 대한 고발과 함께 노스웨스턴 대학교가 러들로와 키프니스 자신에 대해 착수한 타이틀 나인 조사 내용을 다룬다. 러들로가 학부생 한 명과 대학원생 한 명에게 저지른 부적절한 행위가 설령 유죄라고 하더라도 교수직을 박탈하는 처벌은 그 범죄에 전혀 비례하지 않는다고 키프니스는 결론을 내린다. 키프니스는 그의 범행

---

[7] Laura Kipnis, *Unwanted Advances: Sexual Paranoia Comes to Campus* (New York: HarperCollins, 2017).

[8] Laura Kipnis, "Sexual Paranoia Strikes Academe," *Chronicle of Higher Education*, February 27, 2015, https://www.chronicle.com/article/Sexual-Paranoia-Strikes/190351; Kipnis, "My Title IX Inquisition," *Chronicle of Higher Education*, May 29, 2015.

동기가 부당한 학대와 착취가 아니라 순진한 치기라고 보았다. 이 책 후반부에서 키프니스는 자신이 타이틀 나인의 조사 대상으로 공개된 후에 들었던 타이틀 나인의 많은 남용 사례를 요약한다. 키프니스는 자신의 문제로 인해 대학 내 페미니스트와 활동가들의 표적이 되었지만 결코 침묵하지 않았다. 그는 자유주의자, 수준 높은 자유주의자, 현존하는 가장 뛰어난 유형의 자유주의자다. 그는 대학교에서 벌어지는 활발한 토론과 적극적인 공개 반대에 대한 믿음을 갖고 있었다. 아울러 대학교 캠퍼스의 성 착취 조사 뒤에 감춰진 관례와 가정(假定)에 감히 문제를 제기하는 그 누구든 악마화하는 취소 문화(cancel culture: 주로 유명인을 대상으로 과거의 부적절한 행위나 범죄를 이유로 기존의 지지를 철회하는 하위문화—옮긴이) 속에서 타이틀 나인의 남용을 제시한 것은 용기 있는 행동이다.

키프니스가 보기에 성 편집증에서 최악은 성 편집증이 우리를 '바보'로 만든다는 것이다. 성 공포는 "지적(知的) 엄격함에 하나의 공식"을 제공한다. 캠퍼스 내 마녀사냥 분위기가 대학의 전통적인 이상을 잠식한다고 그는 비난한다. 대학을 피난처로 삼았던 자유사상가들이 이제는 "눈사

태처럼 쇄도하는 진부함과 두려움"에 매장되고 있다는 것이다.[9] 키프니스가 소중히 여기는 이상적인 대학은 공평한 사회라는 사회적 이상 위에 구축된 환상으로, 그런 곳에서 학생과 교수는 물질적 욕구에서 자유로운 탕자 같은 자유사상가들이다. 1945~1972년에는 이러한 이상이 작동했지만 불평등의 심화와 고등 교육비의 증가로 20세기 중엽의 이 같은 미국 대학의 이상은 무너졌다. 키프니스의 환상 속 대학에서는 모두가 풍요로운 사회에 살고 있다. 그곳에 지적 자유를 바라는 그가 추구하는 이상의 기초가 놓여 있다. 키프니스는 미국에서 고등 교육이 전례 없이 팽창하던 시기의 끝자락에 성인이 되었고, 그래서인지 직업적·경제적 불안정을 몰랐던 사람의 자신감과 허세를 풍긴다. 그는 오늘날 학생들을 괴롭히는 고문실의 불안한 윙윙거림에서 놀라울 정도로 차단되어 있다. 그는 현대 대학 생활의 지적 무기력과 관련해 성 편집증에 지나치게 많은 책임을 돌리는데, 내 경험으로는 직업적·경제적 불안이 우리의 생각을 억제하는 가장 큰 요소다.

---

9   Kipnis, *Unwanted Advances*.

키프니스는 책을 마무리 지으며 고주망태가 될 정도로 음주하는 대학의 유행에 대해 설득력 있는 분석을 제시하는 동시에 오늘날의 도덕적 공황이 여성성의 불완전한 해방과 관련 있다고 주장한다. 캠퍼스의 성 문제는 성의 양면성과 동의 그리고 주체성 같은 주제에 대해 남녀가 더 많이 교육을 받으면 해결할 수 있다고 그는 믿는다. 정보와 '교육'에 대한 과대평가가 실제로는 신자유주의와 신자유주의의적 긴축 정책 아래서 성년이 되는 문제의 일부라면 어떨까? 고등 교육 제도에서 한 자리를 차지하려는 경쟁과 PMC로 진입하는 장벽이 점점 더 높아지는 것이 실제로는 우리 모두를 더 멍청하게 만드는 성 공포를 부추기는 것이라면 어떨까? 교육을 사적 이익으로, 즉 갈수록 불안하고 불확실한 세상에서 경쟁에 사용되는 자산으로 여기는 사회에서 대부분의 젊은이는 대학에 다니면서 호기심과 쾌락을 추구할 만큼 여유가 있다고 느끼지 못한다. 키프니스가 소중히 여기는 지적이고 에로틱한 자유는 현대의 대학 당국이 이해하지도 지지하지도 못하는 20세기 중반 미국의 경제적 재분배와 평등 원칙으로 가능했던 일종의 귀족적인 방탕한 사고에 의해 형성되었다.

오바마 행정부의 열성적인 타이틀 나인 시행은 행크 폴슨(Hank Paulson: 미국의 재무부 장관. 2006~2009년 재임―옮긴이)과 티머시 가이트너(Timothy Geithner: 미국의 재무부 장관. 2009~2013년 재임―옮긴이)가 2008년 금융 붕괴 후 범죄적인 금융 기관들의 구제를 도모한 방식과는 아주 다르다. 오바마 행정부는 투자 은행가와 재정 고문들에게 '친애하는 동료에게'라는 제목의 서한을 보내, 그들의 고객이 수십억 달러의 세금, 올바르게 사용한다면 공립 대학과 공교육 프로그램에 재투자할 수 있었던 세금을 회피하도록 돕는 것에 대해 왜 경고하지 않았을까? 농촌 지역에 아편을 퍼뜨리는 빅 파마(Big Pharma: 대형 제약 회사라는 의미와 함께 비디오 게임의 이름. 여기서는 대형 제약 회사의 행태를 마약 공급 비디오 게임에 비유함―옮긴이)에 연방 정부의 규제를 경고하는 '친애하는 동료에게' 서한을 보냈으면 어땠을까? 대출자와 투자자들에게 피해를 안기면서 부실 담보 대출을 보증하고 묶어서 판매한 웰스 파고(Wells Fargo), 골드만 삭스(Goldman Sachs), AIG, JP 모건 체이스, 뱅크 오브 아메리카(Bank of America) 등의 금융 기관들에 '친애하는 동료에게' 서한을 보냈으면 어땠을까? 탄소 발생과 기후 변화 관련 지식이 있으면서도 그걸 은폐한 화석 연료 회사들에 경고하는 '친애하는 동료에게' 서한을 보냈으면 어땠을까? 이런 서한들을 보내지 않았다는 사실에서 우리는 PMC 엘리트들이 세계적인 금융 재난 후에도 가장 온건한 재분배 정책이나 진보적인 정책조차도 그 시행에 도덕적 공포를 조장하려 한다고 결론 내릴 수밖에 없다.

캠퍼스의 성 공포에 대한 논의를 마무리하기 전에 우리는 에마 설코위츠(Emma Sulkowicz)의 이야기로 눈을 돌릴 필요가 있다. 컬럼비아 대학교에서 시각예술을 전공한 설코위츠는 '매트리스 퍼포먼스: 그 무게 나르기(Mattress Performance: Carry That Weight)'라는 제목의 작품으로 학사 학위 요건을 충족하고 2015년에 졸업했다. 동료 학부생인 폴 넌게서(Paul Nungesser)에게 강간을 당했다는 설코위츠의 진술이 그에게 아무런 영향도 주지 못했고, 넌게서는 계속 대학을 다닐 수 있었다는 사실에 항의하는 '퍼포먼스'로 설코위츠는 이 작품을 공연했다. 설코위츠는 강간 혐의로 넌게서가 제적되길 원했으나 컬럼비아 대학교는 내부 조사 후 그에게 혐의가 없다고 결정했다. 설코위츠는 이 조사 결과에 분노했고, 성폭력이 벌어졌다는 매트리스를 캠퍼스에서 나르며 4학년을 보냈다. 복수할 자격에 대한 의식, 사유주의 법치의 요체인 적법 절차에 대한 확고한 무시, 성폭행한 사람과 자신의 사생활에 대한 무관심이 설코위츠의 퍼포먼스를 통해 예술로 실현되었다.

인내에 기초한 모든 예술처럼 무의미하게 소모하는 육체적 노력은 육체노동의 필요에서 절대적으로 해방된 엘리트가 과시하는 행위다. 이런 관점에서 보면, 설코위츠의 '매트리스 나르기' 퍼포먼스는 육체노동의 육체성을 조롱하는 것이다. 세계의 노동자들 대부분은 자신의 육체로 여전히 노동하고, 하루의 일과 동안 육체적 고통과 어려움을 인내해야 한다. 육체적 인내를 '선택'한다는 것은 PMC 주권의 궁극적 표식이다. 설코위츠는 무엇보다 자신의 트라우마를 대상화했다. 그 퍼포먼스는 그에게 어느 정도의 심리적 분리(dissociation)를 허용했지만, 또한 지명도·악명·명성 그리고 유명세를 얻을 수 있는 플랫폼을 그에게 주었다. 그는 사적으로 인내해야 했던 일을 공개함으로써 자신의 트라우마 경험을 광고하는 1인 플래카드가 되었다. 설코위츠는 예술가로서 그리고 PMC의 자녀로서(그의 부모는 맨해튼에서 성공한 상업적 심리학자다) 탈산업 사회의 노동 체제에 대응하면서 그 체제를 논평하고 재생산하는 중이었다. 이는 자기 브랜딩(self-branding)이라는 이름으로 광고를 모으는 활동의 지속적인 생산을 수반하는 노동이다. 이처럼 설코위츠는 정의를 추구하면서 사적 고통을 공적 스펙터클로 전환하는 능력으로 유명해졌다.

인터넷 시대의 가장 악명 높은 예술가 중 한 명인 라이언 트레카틴(Ryan Trecartin) 역시 엉망진창에 미친 듯한 파티 퍼포먼스로 새로운 미디어 유명세를 탔다. 그의 비디오 퍼포먼스는 카니발 같고, 터무니없고, 마약에 찌든 이벤트로 해체, 비굴, 좌절된 쾌락 추구가 일반적 특징이다. 트레카틴은 독학했고, 가식적이며 지저분하고, 노동 계급이라고 자신을 광고한다. 설코위츠의 예술은 트레카틴의 작업처럼 모든 것에 생명을 불어넣는 인기에 대한 갈망은 공유하지만, 성적 경험의 트라우마를 광고한다는 점에서 목적이 다르다. 설코위츠의 예술은 넌게서에게 면죄부를 준 데 따른 좌절에서 비롯되었다. 설코위츠는 컬럼비아 대학교를 졸업한 후 예술계 신진 스타에게 1년간의 체류를 제공하는, 선발되기 아주 어려운 휘트니 프로그램(Whitney Program)에 합격해, 성적 선정주의와 예술계의 위신 경제 열망을 담는 후속 예술 작업을 이어갔는데, 그 시작은 자신의 강간 사건을 재연출한 비디오 〈이것은 강간이 아니다(Ceci n'est pas un viol)〉였다. 그는 또한 '휘트니 미술관(Whitney Museum)'을 뜻하는 것으로 추정되는 W와 M으로 장식한 흰색 비키니를 입고 자신이 '미스터 휘트니(Mr. Whitney)'라고 부르는 S&M(사디즘/마조히즘) 전문가에게 스스로를 속박시킨다. 자신의 작업에 대한 그의 공허한 개인적 발언은 여성에게 권한을 부여하자는 진부하고 뻔한 말과 '여체'에의 비판을 맞받아칠 필요성을 앵무새처럼 되뇐다.

설코위치는 행위예술가 마리나 아브라모비치(Marina Abramovic)와 〈뉴욕 타임스〉의 예술비평가 로버타 스미스(Roberta Smith)로부터 천재라는 극찬을 받았지만, 자신의 예술계 성공에 대해 양면적임이 드러났다. 2017년에 그는 필라델피아에서 허구인 '도수치료 종합건강센터'라는 곳의 치료사로 퍼포먼스 작품을 선보였다. 〈버슬(Bustle)〉이라는 잡지는 트럼프에 저항한 것이라며 그의 새로운 작업을 칭찬했다.[10] 그러나 그로부터 2년 후인 2019년 설코위츠는 한

---

10   Gabrielle Moss, "Emma Sulkowicz's Plan to Resist Trump," *Bustle*,

때 온라인에서 그를 가장 혐오했던 대안 우파의 남성 권리 옹호자들 주변을 어슬렁거리는 〈컷(Cut: 온라인 여성 잡지―옮긴이)〉에 모습을 드러냈다. 그는 그들의 관점에 마음을 열게 되었다고 주장했다. 또한 현대 예술에 지쳤다고 주장하며 예술계를 떠나겠다고 말했다.[11] 그러는 동안 성폭력 혐의를 받은 폴 넌게서가 타이틀 나인에 근거한 성차별을 이유로 컬럼비아 대학교를 상대로 소송 제기에 성공했고, 넌게서와 컬럼비아 대학교는 법정 밖에서 소송을 해결했다. 자유주의자들에게 캠퍼스 성폭력은 두 가지 이유에서 매우 중요하다. 첫째, 대학은 계급을 재생산하는 공간이므로 이런 곳에서의 모든 상호 주관적인 만남은 합리화되어야 하기 때문이다. 둘째, PMC 엘리트들은 경제적 착취가 쟁점이 되지 않는 명백한 권선징악 드라마에서 도덕적인 주인공역 맡기를 즐기기 때문이다. 로라 키프니스는 PMC 젊은

February 7, 2017, https://www.bustle.com/p/heres-how-emma-sulkowicz-the-columbia-mattress-artist-plans-to-resist-trump-34456.

11   Sylvie McNamara, "Did Emma Sulkowicz Get Redpilled?," *Cut*, October 28, 2019, https://www.thecut.com/2019/10/did-emma-sulkowicz-mattress-performance-get-redpilled.html.

이들 일부가 이제는 섹스를 쾌락과 주체성이 매우 중요한 활동으로 여기지 않는다는 사실에 놀라지 말았어야 했다. 에마 설코위츠로 말하자면, 그에게 일어난 모든 일은 도구화되어서 광고와 기소의 먹잇감으로 바뀔 수 있다. 개인적인 것과 정치적인 것의 경계가 없다는 사실은 현대의 신자유주의가 역사적인 반문화를 흡수하는 과정에서 생겨난 독이 든 사과다.

하비 와인스틴 사례가 성 공포를 다루는 내 비판의 범위 밖에 있는 이유는 조지 캔터(Jodi Kantor)와 메건 투히(Megan Twohey: 두 사람 모두 〈뉴욕 타임스〉 기자로 와인스틴 사건을 다룬 탐사 보도로 2018년 퓰리처상을 받았다—옮긴이)가 이 영화계 거물에게 당한 수많은 피해자와 직원들이 확증한 직장 성폭력에 초점을 맞추었기 때문이다.[12] 우리가 하비 와인스틴의 피해자들에게 쏟은 탐사 정신과 관심을 전혀 매력적이지 못한 직장에서 착취와 학대를 당하는 다른 노

---

12   Jodi Kantor and Megan Twohey, *She Said: Breaking the Sexual Harassment Story That Launched a Movement* (New York: Penguin, 2019).

동자들에게로 확장할 수 있다면 정말 좋을 것이다. 캔터와 투히의 보도에 따르면, 와인스틴의 피해자들은 경력과 직업 전망을 두고 그가 행사하는 권력 때문에 그를 두려워했다. 성적 강제와 경제적 불안정성이 함께 작용해 학대 조건을 만들어내는 게 분명하다. 우리 대부분이 처해 있는 단순한 생존에서 비롯된 무시무시한 경세적 공포로부터 해방되지 않는다면 성적 자유나 쾌락은 없다. 와인스틴처럼 여성을 사드식으로 취급하는 일은 그 산업계 전체에서 그가 행사하는 직업적·경제적 권력이 없었다면 가능하지 않았을 것이다. 사드처럼 키프니스는 경제적 강제 없는 성적 모험의 세계를 믿는다. 그런 세계가 바람직한 것은 분명하지만, 자본주의가 만든 그리고 진정한 상호 주관적 경험의 공간이 좁아지는 현재의 조건하에서는 실현될 수 없다.

결론

마르크스의 《자본론》은 서로 싸우면서 일하고 생산 과정에 개입해 금과 철, 양모 그리고 면화 같은 원료들에서 힘들여 부를 얻어내는 적극적인 주체와 원료로 가득 찬 세계다. 마르크스는 이런 노동자들이 자본주의에 반대해 봉기할 때 역사를 만들어낼 것이라고 보았다. PMC 엘리트 노동자도 자신들이 역사를 만든다고 여긴다. 그들은 부유하는 기표, 통계, 해석학, 투사, 예측, 정체성 수행성, 미덕 신호 그리고 감정 생산의 세계에서 노동한다. 그들의 사랑과 삶은 가상적이면서 탈육체적이다. 그들은 코로나19의 참화에도 불구하고 약해지지 않고 계속 일한다. 이런 상징 조작 체제에서 훈련받은 사람들은 분노를 무기화해서 도덕적 공포를 부추기지만, 자신들의 정체성을 하나의 계급으로 직시할 능력도

의지도 없다. 자유주의적 전문직에 종사하는 그들은 서로를 감시해 자신들의 계급이 요구하는 사회적·지적 안락함 같은 것들을 강제하는데, 그런 것들은 경쟁과 개인주의 때문에 근본적으로 파탄 나 있다. 불평등과 인종차별주의 그리고 편향성에 대해 PMC가 승인한 모든 정책은 그들의 정치적 주체 의식과 문화적·도덕적 우월감을 강화하는 방향으로 선회한다. 사악한 경쟁적 시장 환경에서 그들은 선 넘기나, 아니면 기껏해야 선 넘기 퍼포먼스를 맹목적으로 따르면서 한때 소중했던 전문적인 연구 기준을 포기했다.

　　PMC는 초연한 세련미의 허세에도 불구하고 무력한 사람을 자신들만이 유일하게 '도움'을 줄 수 있는 무고한 피해자로 상상하면서 불평등을 다룰 때 신파극과 감상에 빠진다. PMC는 필사적으로 젠더 중립적인 애티커스 핀치가 되고 싶어 한다. 마르크스는 산업의 노동 과정만이 산업 자본주의의 전위 계급을 형성한다고 보았다. 관리자와 전문직은 불행하게도 이 계급의 일부가 절대 아니었다. 하지만 그들이 자본과 공모한다는 사실은 노동 계급 루저들이 PMC 세계관에서는 보유하지 못하는 자질인 '복원력'과 '유연성'으로 가장하고 싶어 하는 것이다. 노동자들은 산업 세계를 다시 만들었지만, 오늘날의 PMC 엘리트들은 과거 좌파의 혁명적 권력을 불쾌하게 여긴다. 그들 자신의 기능이 지배 계급의 이념적 요구로 인해 제약받고 있음에도 그들은 사회 변화와 가능한 혁명을 관리하고 싶어 한다. 그들은 자신이 하는 일이 헛되다는 걸 이해하고 있지만, 많은 사람이 보람 있는 일을 찾고 존엄과 경제적 안정 속에 의미 있는 삶을 누릴 수 있도록 할 경제 체제를 다시 만드는 데 필요한 체제 변화를 믿지 않는다.

PMC의 이데올로기 투자를 역사적으로 추적하면서, 나는 단순히 학문 지식의 소중한 저장소에 추가하려고 그들의 정체성을 '이해'하려 한 것은 아니다. 나는 그들의 정치를 폐기하기 위해 그들의 가치를 비판하는 데 관심을 두었다. 사회주의적 미래를 건설하기 위해 우리는 중도주의와 유사(類似) 중도주의가 초래하는 정치적 무기력을 극복하는 지속적인 투쟁에 참여해야 한다. 세계 곳곳에서 대학 학위가 없는 평범한 사람들은 포퓰리즘 권위주의를 지지하면서 PMC의 테크노크라시(technocracy)를 거부해왔는데, 이는 긴축과 경쟁에 대한 주류 신자유주의적 서사를 그들이 더 이상 믿지 않기 때문이다. 대학 교육을 받지 않은 대부분의 사람이 볼 때, PMC는 점점 더 현학적이고 위선적이면서 징벌적이다. 권위적이고 과학을 거부하는 보수적인 리더들에게는 자신들의 어쩔 수 없는 분노와 무지를 인정한다. 그들은 성난 선동가들에게서는 거부당한 자신들의 주권이 체화하는 걸 발견한다. 물론 그들이 억만장자 포퓰리스트들과 그 하수인들을 시시하는 것은 전적으로 반동적이지만, 포퓰리즘에 대한 정치적 해답은 자유주의적 개량주의나 온건한 중도주의가 아니다. 해답은 확신에 찬 사회주의다. 약간의 경제적 재분배를 기업 친화적인 '전문가들'이 관리해야 한다고 PMC가 여전히 주장한다면, 사회주의자들은 정치 참여의 다른 계산법과 다른 정치 질서를 요구해야 한다. 그 목표는 먼 혁명의 지평선 그림자 속에서 연대를 구축하는 것이다.

독자 여러분은 어쩌면 나처럼 PMC의 일원이거나 적어도 그 제도하에서 교육을 받았을 것이다. 자신들을 여전히 영웅적이고 도덕적인 정치 주체로 믿고 싶어 하는 계급의 허위의식에 대한 이 짧은 입문서가 PMC 정치를 거부하는 독자들의 결의를 강화하고, 반동적 계급 위치에 대한 이러한 비판이 거부의 바탕이 되길 바란다. 그들의 정신과 이념에 물들어버린 우리는 모두 PMC의 선전 효과를 제거하고 아래로부터의 계급 전쟁에 합류해야 한다. 이 간략한 입문서는 우리 안의 PMC 가치들을 식별해 그러한 가치들을 가능한 한 잘 청산하는 지침서 역할을 한다. PMC 가치가 수행하는 좌파 정치의 왜곡 때문에 모든 정치 참여는 자기비판으로부터 시작되어야 한다. 우리로 하여금 성공과 지성, 인종차별주의, 폭력, 어린이, 독서, 보건, 행복, 쾌락 그리고 섹스에 대해 생각하게 하는 PMC의 방식을 우리는 폐기해야 한다. 우리는 취향과 소비 습관을 미덕으로 삼는 걸 거부해야 한다. 우리는 우리 자신을 자본주의의 역동적이고 착취적이며 응징적인 권력이 지배하는 역사의 보편적 주체라고 이해해야 한다. 이는 쉬운 일이 아니다. PMC 엘리트들이 우리 삶의 너무나 많은 부분을 통제하고, 그들이 허용한 소심한 정치 노선을 따르지 않는다면 우리를 배제하겠다고 은근히 위협하기 때문이다.

PMC는 자신들이 하나의 계급으로서 자본주의와 이윤 동기에 아주 충실히 복무해왔다는 점을 우리가 잊도록 할 것이다. 그들은 지적 자율성 관념이 번성할 수 있는 자유주의적 전문성과 민주주의 문화 최상의 측면을 폐기했다. 그럼에도 비통한 일이지만 그들은 진보적이고 계몽적인 정치 언어의 독점에 엄청나게 성공했다. 연구자 공동체가 도출한 책무성과 진실의 존중에 대해 사심 없는 소명을 지닌 전문성의 가치는 사회주의 건설에 필수적이다. 전문성은 연대의 적이 아니다. 전문성과 그 학문적 한계는 사회주의 전문가들을 육성하는 데 필요하다. 그들은 지구의 환경적 생존과 민주주의의 정치적 생존에 필요하게 될 대규모 경제 재분배 그리고 공공 인프라와 공공재의 강화를 감시하는 데 필요할 것이다.

나는 코로나19 팬데믹으로 인한 봉쇄 와중에 이 글을 마무리하고 있다. 미국이 겪고 있는 경제적 재앙과 공중보건 재앙은 공공 서비스와 공중 보건을 황폐하게 만든 영리 목적의 의료 이해관계 및 기업들의 권력과 직접적인 관련이 있다. 바이든–해리스 행정부가 국가 의료보험, 즉 전국민의료보험법에 반대했다는 사실은 아주 의미심장하다. 중도파 전문가 집단은 국가 의료보험을 장려하기보다 마스크 쓰기 같은 개인행동을 새로운 '미덕'으로 장려할 것이다. 그렇다. 우리는 마스크를 써야 한다. 그러나 무료 코로나19 검사와 접촉자 추적, 무료 백신과 함께 이윤 동기가 아니라 공공 보건에 봉사할 공공 보건 제도의 재구축을 요구해야 한다. 시간이 정상으로 돌아가 당신의 상관이나 보험업자가 '건강' 지침이라는 이름으로 당신의 건강을 상품화해서 팔려고 한다면, 보건은 상품이 아니라 공공 인프라의 한 부분이라는 점을 기억하도록 하자. 모든 가족에게 양질의 보육을 제공하는 것이 공공 인프라의 한 부분이어야 하는 것처럼 노약자 간병은 공공 투자의 우선 사항이 되어야 한다. 내 목표는 단순하다. 집단적으로 가능하다는 사회주의 시각을 합심해서 악마화하는 일에 맞서 사회주의 경제와 정치의 정상화에 도움을 주는 것이다. 사회주의 자체는 화려하거나 혁신적이지 않아서 새로운 어휘나 근사한 신조어로 포장해 사회주의 의제를 뿌려대지 않는다. 사회주의 기표들은 공중이나 창공에 부유하지 않아서 그 정책이 뛰어난 통계와 객관적인 현실에, 그리고 과학적 방법과 이성의 힘과 불확실성에 단단히 기반해야 한다. 사회주의 지식인은 미덕과 박식, 초연함의 가면을 거부해야 하고, 노동자와 피착취자 편에서 계급 투쟁의 장에 들어갈 준비를 해야 한다. 보수주의자와 진보적인 PMC 엘리트 그리고 그들이 통제하는 제도는 노동자의 힘과 사회주의 자체에 아주 적대적이다. 그렇기 때문에 연대와 조직화는 장기적인 정치 투쟁에 그 어느 때보다 필수적이다. 정서에 추동된 항의, 소란스러운 군중, 격렬한 소요는 사회 변화를 위한 정치적 발단을 제공할 수 있지만, 우리가 원하는 수준의 정치적 변환에는 강단 좌파가 익숙하게 비난하는 종류의 규율이 필요하다. 우리가 감히 바라는 단기적인 현실은 혼합 경제일 수 있는데, 그런 혼합 체제에서 사회주의적 측면을 강화하도록 하자. PMC가 자본과 미덕 사재기를 장려하지만, 우리는 인간의 욕구와 인간관계를 비밀스럽게 청교도식으로 규제하려는 것에 초연해야 한다. 우리는 이단이 되어야 한다. 우리는 불경스러워야 한다.

PMC 엘리트는 우리 지구를 황폐화하고, 공공 제도에 대한 신뢰 기반을 허물고, 공중 보건을 파괴하고, 우리의 어린 시절을 훼손하고, 우리의 쾌락을 법정 소송으로 몰고 간 경제 체제의 이름을 지적하길 거부해왔다. PMC는 악하지도 도덕적이지도 않고, 세속적이고 물질적인 적대자다. 우리는 자본주의를 인민의 적으로 소환하면서, 또한 우리 적의 가장 근면한 가신이자 아첨꾼의 이름을 지적해야 한다. 그 이름은 바로 PMC다.

감사의 글

능력주의에 대한 나의 장광설을 참아준 레오 크랩(Leo Krapp)과 피터 크랩(Peter Krapp)에게 감사한다. 그들은 내가 용기를 내도록 도와주었다. 레오야, 이처럼 훌륭한 공저자이자 내 아들이 되어주어서 고맙다. 프랑수아 퀴세(Francois Cusset)와 티에리 라비카(Thierry Labica), 왕 차오화(Wang Chaohua)는 파리 우에스트(Ouest) 대학교와 칭화(清華) 대학교에 나를 초청해주었고, 나는 그들과의 대화를 통해 해당 장들의 기초를 구성할 수 있었다. 마지막으로, 베를린의 뉴욕 대학교 캠퍼스에 나를 초청해 1968년에 대해 대화를 나눈 아라 메르지안(Ara Merjian)에게 감사를 표하고 싶다. 이 모든 대화에 나는 진심으로 감사한다. 내가 〈자코뱅(Jacobin)〉에 사회주의, 어린 시절, 돌봄에 대해 발표하고 정신분석과 집단적 사회 복지에 대한 생각을 정리하는 데 도움을 준 메건 킬패트릭(Megan Kilpatrick)에게 감사를 표한다. 멜리사 내스책(Melissa Naschek)은 1619 프로젝트에 대한 매우 중요한 토론으로 나를 도와주었다. 앨릭스 호출리(Alex Hochuli), 조지 호아(George Hoare), 필립 컨리프(Phillip Cunliffe)는 이 책의 많은 생각을 다듬는 데 결정적인 도움을 주었다. 성 공포 관련 대화를 나눠준 코너 킬패트릭(Connor Kilpatrick)에게도 감사한다. 티러스 밀러(Tyrus Miller), 토머스 윌리엄스(Thomas Williams), 켈리 도너히(Kelly Donahey)는 내가 비판 이론에 대해 계속 생각하도록 활기를 불어넣었다. 아울러 이 책은 앰버 프로스트(Amber Frost), 존뱁티스트 오듀어(John-Baptiste Oduor), 제이럭 어빈(Jarek Ervin)의 동료애가 없었다면 가능하지 않았을 것이다. 그들은 암울했던 시기에 내가 계속 집중하도록, 내가 더 큰 집단 프로젝트의 일부라고 느낄 수 있도록 해주었다. 우리의 책은 독트리네어 출판사(Doctrinaire Press)에서 곧 출간될 것이다. 미네소타 대학교 출판사의 리어 페니워크(Leah Pennywark), 제이슨 와이드먼(Jason Weidemann), 앤 카터(Anne Carter) 그리고 더글러스 아마토(Douglas Armato)

의 격려와 지지 덕분에 나는 완전히 취소될 것이라고 예상했던 이 책의 프로젝트를 끝낼 수 있었다. 마지막으로, 이 책을 쓴 곳의 이웃들에게 감사를 표해야겠다. 캘리포니아대학교 어바인 캠퍼스의 대학촌과 그곳의 활발한 리스트서브(Listserv: 특정 그룹 전원에게 메시지를 전자 우편으로 자동 전송하는 시스템―옮긴이)는 PMC의 감수성과 정치가 접속되어서 모이는 곳이다. 나는 여러분에게 아주 많이 배웠다. 이미 고인이 되신, 뉴욕 시립대학교에서 나에게 라틴어를 가르쳐준 선생님의 영원한 말씀처럼 "디스코 인페르노(Disco Inferno)", 즉 "나는 지옥에서 배운다". 그분은 1990년대 초 에이즈 합병증으로 몹시 아플 때 나를 가르쳤다. 그 다른 시절에, 그 다른 팬데믹 속에서 나와 함께 춤을 췄던 모든 이에게 이 책을 바친다.

옮긴이의 글

캐서린 류의 이 책은 사회에서 상위 10퍼센트에 속하는 전
문직과 관리직으로서 자유주의자를 자처하는 사람들을 하
나의 계급으로 보고 그들의 이중성을 파헤친 비판서이다.
비판의 요지는 그들이 진보적이고 사회 정의를 위한다고
하지만, 실상은 사회적·경제적 불평등의 근원인 자본주의
와 상위 1퍼센트 지배 계급의 이익을 위해 봉사하면서, 노
동 계급(우리 식으로는 서민이라고 할 수 있다)을 배신하는 적이
라는 것이다. 그 과정에서 그들은 자유·평등·인권 등을 외
치고, 생활 습관과 사회 활동에서 바람직하다고 여기는 미
덕들을 끌어 모아, 즉 사재기해 대중과 거리를 두고는 그
렇지 못한 대중을 멸시한다. 이런 점에서 저자의 비판은 프
랑스 사회학자 피에르 부르디외(Pierre Bourdieu)의 '구별짓

기'를 떠올리게 한다. 부르디외에 따르면 계급은 경제 자본 뿐만 아니라 교육·취향·생활 습관 등의 문화 자본에 따라서도 구별된다고 한다. 그리하여 상층 계급은 자신들의 교육·취향·생활 습관을 고상하고 바람직하다는 사회적 통념을 만들어 다른 계급과 구별짓기, 즉 차별화한다. 그러한 구별짓기를 류는 자녀 양육, 교육, 독서, 성 인식, 결혼 생활 등을 예로 들어 설명하며 갈수록 벌어지는 전문·관리 계급과 대중의 격차를 설명한다. 그러면서도 전문·관리 계급은 사회의 규범과 과학적·학문적 사실을 무시하는 '경계 넘기', 즉 규범의 위반을 탈구조주의적 언어유희로 정당화하고 사회와 역사의 전위대를 자처하는 모습을 취한다. 그러는 사이에 그들은 대중과 점점 멀어지고 대중이 겪는 암담한 현실은 외면한다. 이럴 때 진보적임을 자처하는 전문·관리 계급은 시쳇말로 입진보, 이른바 강남 좌파일뿐이다. 저자는 바로 전문·관리 계급의 이런 성격을 비판한다.

이 책에서는 '리버럴(liberal)'을 자유주의적 또는 자유주의자로 옮겼지만, 미국에서 '리버럴'은 진보적 또는 진보주의자라는 의미이고 보통 민주당 지지자를 지칭한다. 따라서 진보주의자인 리버럴은 온건 좌파로, 진보주의자들이

지지하는 민주당은 온건 좌파 정당으로 흔히 인식된다. 하지만 같은 영어권인 영국은 물론 다른 유럽 국가들의 사정은 많이 다르다. 유럽 국가들에서 리버럴, 즉 자유주의자는 온건 우파나 기껏해야 저자가 규정하는 것처럼 중도파로 자리매김된다. 즉 진보주의자라기보다 오히려 보수주의자에 가깝다. 이는 미국과 유럽 국가들의 정치적 지형이 다르기 때문이다. 유럽의 국가들에서는 사회주의나 공산주의를 표방하는 좌파 정치 세력이 제도권 내에 자리를 잡고 있기 때문에 자유주의를 표방하는 정치 세력은 우파로 여겨질 수밖에 없다. 반면 사회주의나 공산주의를 표방하는 좌파 정당이 제도권 내에 존재하지 않는 미국에서는 공화당보다 상대적으로 진보적인 민주당이 정치 스펙트럼에서 공화당보다 왼쪽에 위치해 좌파 정당으로 보이는 착시 효과를 낳는다. 이런 사정은 우리나라도 크게 다르지 않다. 따라서 진보와 보수는 정치 세력 간의 상대적 위치로 결정되므로 좌파와 우파 내에 각각 진보적 정치 세력과 보수적 정치 세력이 존재할 수 있다. 하지만 좌파와 우파는 계급 정치, 시장에 대한 국가의 개입, 개인에 대한 사회적 책임을 얼마나 인정하느냐에 따라 갈린다. 저자는 이른바 리버럴,

즉 진보적인 정당이라는 민주당이 집권한 클린턴과 오바마 행정부에서 시행된 여러 정책을 고찰하면서(정교하지는 않다) 민주당과 민주당을 지지하는 전문·관리 계급 또는 자유주의자들이 전혀 좌파적이지 않음을 고발한다.

저자가 비판의 도마 위에 올려놓은, 자유주의자들과 함께 신좌파의 강력한 무기가 된 '정체성 정치'도 간략하게나마 살펴보자. 정체성 정치는 인종, 성별, 젠더, 성적 지향, 장애, 연령, 민족, 종교 등 정체성에 기반을 둔 정치라고 정의할 수 있다. 1970년대 미국에서 등장한 정체성 정치는 흑인과 여성 그리고 성 소수자 등 사회적 약자와 소수자의 권리를 주장하는 것에서 비롯되었다. 노동 운동과 시민권 운동 등 기존의 사회 운동이 물질적 이익과 사회 구성원으로서 동등한 권리를 주장하는 운동이었다면, 정체성 정치는 사회적 약자와 소수자가 사회의 주류와 동등하거나 같을 수 없다는 인식하에 약자와 소수자의 정체성을 인정받으려는 운동이었다. 'Black is beautiful'이나 'Gay pride'와 같은 구호가 대표적인 주장이다. 그런 점에서 정체성 정치는 '차이의 정치' '인정의 정치'라고 할 수 있다. 특히 1990년대 공산권이 붕괴한 뒤 신좌파는 이런 정체성 정치의 선봉에 섰다. 하지만 20세기에 들어서면서 주류 또는 다수의 반격이 시작되었다. 소수의 권리 주장이 다수의 권리를 억압하거나 침해한다거나 소수의 주장으로 사회의 안녕과 질서가 훼손된다는 것이다. 이런 주류와 다수의 주장 역시 민족(특히 백인)이나 종교(특히 기독교) 등 정체성의 이름으로 전개되었다. 그래서 처음에 사회적 약자와 소수자의 정체성을 옹호하는 신좌파의 운동과 더불어 다수의 정체성과 기존의 질서를 옹호하는 우파의 운동이 모두 정체성 정치의 이름으로 불리게 되었다. 사실, 개인이 어떤 사회 집단과의 동일시를 통해 소속감을 가지는 것이 정체성이므로 계급 정치와 정당 정치 역시 정체성 정치의 측면이 있다고 할 수 있다.

이런 정체성 정치(사회적 약자와 소수자를 억압하는 기제로 작동하는 우파의 정체성 정치는 논외로 하고)는 한편으로 사회적 약자와 소수자의 권리를 다수의 권리와는 다르게 볼 수 있는 시각을 제공했지만, 다른 한편으로 비판의 대상이 되기도 한다. 저자가(물론 저자만이 아니라 정통 좌파들이) 직접적으로 비판하는 것은 정체성 정치에 경도된 신좌파가 자본주의 사회에서 가장 중요한 사회적 균열과 갈등인 계급 문제를 경시한다는 점이다. 계급 정치가 희석되고 계급 정치에 집중해야 할 역량이 분산된다는 이유에서다. 또 다른 비판은 능력주의라는 잣대로 가해진다. 사회적 약자와 소수자의 권리 보호는 능력 있는 사람의 기회를 박탈하는 결과를 낳는다는 것이다. 형식 논리상 그럴듯해 보이지만 이미 많은 비판의 내상이 되는 이 능력주의에 내해 저사 역시 자유주의자들, 특히 전문·관리 계급이 자신들의 사회적 지위를 공고히 하기 위한 명분으로 내세우는 이데올로기라고 비판한다. 사회 계층 이동의 관점에서 보면, 사회 계층은 재생산, 즉 대물림되는데 이런 현상은 선진국 중에서도 미국에서 가장 두드러진다. 능력주의는 이런 대물림 현상을 은폐하고 더 나아가 옹호하는 명분이다.

저자는 책 곳곳에서 1968년을 언급하는데, 따로 그 의미를 밝히지는 않지만 이해를 돕기 위해 잠깐 설명할 필요가 있어 보인다. 1968년은 일종의 상징적인 해로, 이 해에 프랑스에서 대규모 시위와 파업이 일어났다. 이를 흔히 '68 혁명' 또는 '5월 혁명'이라고 일컫는다. 처음에 드골 정권에 대한 반발로 시작한 학생 시위는 노동자들의 총파업과 대중의 참여로 이어졌고, 곧 온갖 주장이 제기되었다.

그렇지만 그 핵심은 기성 질서와 권위에 대한 반발이었고, 자연히 해방과 평등 등이 뒤따랐다. 이는 세계적으로 큰 반향을 불러일으켜 세계 각지에서 특히 청년들을 중심으로 기존 정권이나 질서를 거부하는 격렬한 시위로 번졌다. 대표적으로 미국에서는 반전 운동과 히피 문화의 확산을 들 수 있다. 따라서 1968년이 상징하는 것은 기성 질서와 권위에 대한 거부, 해방과 평등이다. 저자가 1968년을 거론하면서 전문·관리 계급과 자유주의자를 비판하는 것은, 그들이 1968년이 상징하는 가치에 동조하는 듯한 모습을 보였지만 실상은 그러한 가치들을 이용해 질서를 '개선'한다는 명분으로 자신들의 지위와 이익을 공고히 했기 때문이다. 그러는 가운데 그들이 옹호하며 사재기하는 미덕과 가치라는 그물에 대중을 가두고—대중 스스로 그물 속으로 들어가기도 했지만—그들은 오히려 대중들과 멀어져 하나의 계급이 되어갔다.

　　사회주의자의 견지에서 자유주의적 전문·관리 계급을 비판하는 저자의 주장은 과격하게 들릴 수도 있다. 이는 미국도 그렇지만 자유민주주의를 국시처럼 외치는 우리의 주류 입장에서는 더욱 그렇다. 하지만 이는 미국이나 우리나라 모두 정치 지형이 우경화·보수화한 데 따른 현상일 뿐이다. 사회주의를 비롯한 좌파의 이념과 정당이 제도권 내에 자리 잡은 유럽의 관점에서 보면 이런 유의 주장은 오히려 온건하게 비친다. 이 책이 독자들에게 자유민주주의에 경도된(자유민주주의조차 그 원칙이 제대로 지켜지고 있는지 의문이지만) 우리 사회가 기울어진 운동장임을, 그리고 객관적이고 중립적이거나 심지어 진보적인 전문가를 자처하는 많은 이들이 사실은 이 기울어진 운동장을 공고히 하면서 가장 많은 혜택을 누리는 사람들임을 인식하는 기회가 되기를 바란다.

2025년 2월